De la
ReVeldía Creativa

a la
Economía Humana

Un camino de transformación que empodera

FERRAN CAUDET

© **De la Reveldía Creativa a la Economía Humana,**
Un camino de transformación que empodera.

© **Ferran Caudet Domínguez.**

Asesoramiento y metodología:
Alex Mediano (Lioc)

Edición:
Meluglobal Technologies S.L.

Calibración y supervisión estructural:
Juan Cortés Henao

Corrección de estilo:
Maribel Guzmán

Corrección de Textos:
Jose Luis Caso

Diseño portada:
Cristina Gascón y
Angélica Yunuhén (Lioc)

Maquetación:
Soraya Moreno (Lioc)

Impresión:
Elevengreen.com

ISBN: 978-84-09-02102-4

**Puedes descargarte la Audio Guía del
libro leído por el autor
en la página 223, totalmente gratis.**

También, puedes conectar directamente con Ferran y seguir sus publicaciones a través de los siguientes canales:

Linkedin: Ferran Caudet
Mail: comunidad@economiahumana.org
Facebook: Economía Humana

Si quieres profundizar en la Economía Humana, puedes acceder a la zona de miembros y disfrutar de materiales exclusivos que vamos subiendo. Ya tienes a tu disposición diferentes videos.

Como financiar alternativamente tu proyecto. "Economía al Desnudo" en el Museo Europeo de Arte Moderno (MEAM).

Y otros temas innovadores y de relevancia para agentes de la transformación y organizaciones innovadoras.

http://economiahumana.org/eventos

DEDICATORIA Y AGRADECIMIENTOS

Dedico este libro a las personas que han formado parte de este apasionante viaje. En primer lugar, a SS Shenphen Dawa Rimpoche y a todos los Maestros y Maestras que han influido en mi vida con sus enseñanzas y su ejemplo. A mis padres, Fernando y Candelas que siempre han estado ahí de forma incondicional. A mi hermano Dimas. A Inma, la mujer que ha compartido mi vida durante 29 años de crecimiento conjunto y madre de mis hijas. A mis dos hijas, Inma y Cintia, dos seres de los que he aprendido mucho y llevo en mi corazón. A Maribel, mi actual compañera y promotora de Economía Humana, que ha enriquecido el libro con sus aportaciones y revisiones. A José Luis que ha corregido los textos con entusiasmo aportando valor y, junto a Teresa, compañeros leales y promotores de Economía Humana. A Alejandro, de Lioc-Studios que ha sido quien ha acompañado el proceso de creación y difusión del Libro. A Juancho, que con sus investigaciones en Veram ha facilitado nuevas visiones y conexiones. A Cristina por el diseño de la portada. A Juanen, por su comprensión y buen hacer. A todas las personas que interactuaron con la Red Sostenible y Creativa y a toda la gente que forma y formará parte de Economía Humana. Este libro es posible gracias a las interacciones con éstas y otras personas que han ido influyendo en mi vida y son parte de lo que aquí se comparte...Gracias

Y también a los lugares.

Elegí comenzar a crear el libro en un lugar casi secreto entre las Sierras de Guilleries y el Montseny, Can Enric. Un espacio natural provocador y bello donde fluye un río de aguas cristalinas que forma una playa fluvial donde, de forma espontánea, aparecen piedras con formas de corazón. Hace un tiempo Celia, su guardiana, me ofreció este lugar de forma desinteresada cuando todo parecía derrumbarse en mi vida y fue toda una revelación sanadora. Es un lugar mágico en el que hemos vivido algunas experiencias sorprendentes, con el que mantengo un profundo vínculo y que está llamado a convertirse en un espacio de referencia en el futuro... ¡Gracias! La segunda parte, la he desarrollado en Xilxes en la casa donde formé una familia fantástica y que ahora estoy dejando partir, facilitando su transformación con profundo agradecimiento y respeto, junto a recuerdos y vivencias de 30 años de vida. ¡Gracias!

En la última fase, estoy en el barrio de Gracia en Barcelona, lugar que facilita las condiciones para acelerar naturalmente el proceso de transformación que vivo... ¡Gracias

ÍNDICE

PRÓLOGO...9

INTRODUCCIÓN 23

1. Nací y crecí en tierra de nadie 29
- Una familia de aparentes opuestos unida en la diversidad y tolerante 33
- La primera acción de Reveldía Creativa consciente 36
- Inicié la vida profesional como aprendiz de artesano de un taller anacrónico......................40
- ... el deleite de conectar conla sabiduría 42
- Una intuición inspiradora entre lendreras y Luis Del Olmo abre nuevos caminos 44
- Saliendo de la zona de confort familiar 45
- Y se cumple un sueño 47
- Observar la vida y la muerte desde la cámara..............................48
- La Transidentidad otra forma más libre de entender la vida 50
- Ejercicio: Trascendiendo dependencias y creencias.................................54

2. Profundizando en la Reveldía Creativa y el Don mayor...55
- Trascendiendo la Rebeldía por una "casualidad" 56
- *"Sigue siendo Revelde" ...*el primer consejo que recibí de un maestro 58
- Autodidactas creando nuevos paradigmas 61
- El Don Mayor es Kairológico y libre, no se puede domesticar 65
- Jugando con la disrupción y la Reveldía 68
- Ejercicio: Cultivando la Rebeldía Creativa 69

3. Reconecta, descubre aquello que te entusiasma y dale sentido a tu vida 73
- No busques trabajo, crea tu realidad 73
- La travesía del desierto, personal e intransferible 76
- El entusiasmo como guía en el camino 78
- Ejercicio: Conectando con la sabiduría intuitiva 80
- Síntesis del ejercicio en 9 pasos: 83

4. Tras caída de Lehman Brothers nace la red sostenible y creativa 85
- La disrupción personal y colectiva se manifiesta 88
- Asumiendo riesgos personales por coherencia 90
- Nace Valencia Sostenible y Creativa.................................92
- A la sombra del Ombú se manifiesta la Red de forma mágica.................................94
- La Red Sostenible y Creativa un laboratorio experiencial del nuevo paradigma.................99
- Las 8 etapas del modelo de aplicación del "Sentir, Hacer, Pensar".................................106
- Reflexiones y aprendizajes sobre la experiencia en red 107

5. Una re-evolución disruptiva creando nuevos paradigmas... 113
- Los saltos cuánticos: experiencias personales que influyen a nivel colectivo 118
- Descubriendo e integrando nuevos paradigmas 120
- Comprendiendo la transición de paradigmas a través de la historia.................................125
- Aión y Kairós transforman las realidades cronológicas.................................126
- Lo esencial no es ni viejo ni nuevo 128
- Los Creativ@s Culturales pueden ser la confirmación de la profecía 132
- Ejercicio: ¿Cómo saber si eres Creativ@ Cultural? 134

6. Manifestación de formas, neurosis... y transidentidad **139**
- Algunas consecuencias personales y sociales de esta neurosis 144
- La manipulación a través de la competitividad y la maximización de beneficios.................148

7. Armonizando tangibles e intangibles y creando prosperidad **153**
- Conectando con la abundancia de prosperidad...157
- Reconociendo las calidades del dinero y su influencia 165
- Comprometiéndonos con la transformación y co-creando un mundo en paz 166
- 21 acciones concretas que armonizan, crean prosperidad y empoderan............................169

8. La propuesta de Economía Humana..**173**
- Los cuatro puntos del círculo creativo de Economía Humana 180
- Están llegando metodologías y herramientas disruptivas y coherentes.................194
- Honrando las fuentes de inspiración y compartiendo sincronicidades..................199
- Manifiesto por una Economía Humana...211
- El empoderamiento: el único camino hacia la libertad..............................217

PRÓLOGO

¿La lógica? ¡Qué se despabile para dar cuenta de la vida!

-Antoine de Saint Exupery

Este prólogo intenta ser un compendio de algunas de las ideas y experiencias presentadas a lo largo del libro. Por eso, he querido mantener la estructura de sus capítulos que son una suerte de rosario que va desgranando historias y aprendizajes. Su lógica es la de John Dewey: "aprender haciendo", la vida como nuestra gran maestra. Y también estudiar, meditar y compartir con otros buscadores de sentido.

Debo reconocer que, aunque hace poco tiempo que conozco a Ferrán como sabrán en el último capítulo, he aceptado el desafío de prologarlo por razones seguramente parecidas a las que a él lo impulsaron a escribirlo. Son intuiciones más que decisiones puramente racionales. Corresponderá al lector juzgar los resultados. En todo caso, mi deseo es que disfruten del libro y lo compartan.

1.   Nacido y crecido en Tierra de Nadie

Ferran postula la existencia de una Re-Evolución Silenciosa, basada en el Amor y la Inteligencia del Corazón que conecta con los procesos de transformación personal, organizacional y social, con la guía invisible de la Inteligencia Colectiva. El libro está dedicado a los que acompañaron su largo viaje, al lugar donde eligió comenzar a escribirlo y, en general, a todos los agentes de transformación hacia un paradigma más humano.

El principio de la historia es el parto que lo trajo al mundo. La infancia en su pueblo (Tierra de Nadie), el modesto negocio de sus padres, las opciones políticas antagónicas de los abuelos son claves del viaje, un aprendizaje lleno de vida y tolerancia. Luego, vino la desconexión temprana con la educación formal fruto de un impulso de Reveldía Creativa, empezando así un viaje de profunda transformación personal. La iniciación temprana al trabajo en el seno de la familia, con sus valores y sus complejidades, incorporando la sabiduría ancestral de las artesanías. Allí, la mente volaba y abría las puertas a la imaginación y a la meditación. Desfilan de esa época personas mayores que influyeron en su desarrollo con aportes singulares y variada sabiduría.

La artesanía fue su oficio hasta que se despertó en él el entusiasmo por la comunicación. La oportunidad vino de la mano de una cámara de grabación japonesa VHS. Cámara al hombro (en esos días había que tener buen lomo para filmar) comenzó una nueva etapa de Reveldía Creativa, con tristeza, pero con comprensión de parte de los padres. Una carrera de periodista que encaró con la metodología que ha ido desarrollando: sentir, experimentar, estudiar. Esta inversión de la manera corriente de ingresar a una profesión me parece altamente significativa. Además de cumplir con su trabajo, se acercó por diversas vías al mundo empresarial, con sus atractivos y sus claroscuros.

El trayecto de Ferran se caracteriza por una firme determinación de superación de la dualidad que simplifica y divide. De este modo, el género, la opción política, la nacionalidad, la religión pueden asumirse sin exclusiones, dando lugar a un sistema de creencias abierto que nos permite estar más conscientes, vivir plenamente sin prejuicios deformantes. También, sin adicciones que nos atrapan limitando nuestra libertad y de paso nuestra salud. Superarlas es, para el autor, un ejercicio de voluntad y Reveldía Creativa.

2.   La Reveldía Creativa y el autoaprendizaje

La Reveldía de Ferrán es una rebeldía provocativa que se relaciona con revelar o desvelar, lo que implica descorrer los velos. No es una rebeldía por el gusto de ser rebelde, es un proceso de hacer visible lo que se ignora, lo que está oculto. Y, por eso, es Creativa en un sentido existencial orientado a la transformación. Según el autor, todos tenemos ese impulso de Reveldía Creativa por nacimiento, pero muchos lo pierden en los caminos engañosos de la vida. Probablemente, los avances civilizatorios más destacados fueron producto de personas con dotes especiales y propósitos personales superiores, muchos de ellos autodidactas, que aceleraron la historia, conduciéndonos por caminos de conocimiento que superaron ampliamente los de su época. Ferrán propone el aprendizaje directo a partir de la experiencia, como modo de incorporar conocimientos útiles. Hacerlo de manera consciente lo distingue de la mera casualidad.

Seguramente, todos hemos tenido estos momentos de iluminación, intuiciones que no sabemos de dónde surgieron, que nos orientan en la vida. En una sociedad donde los títulos académicos se han vuelto requisitos obligados para obtener ciertos puestos, Ferrán quiere poner en valor el cultivo de nuestro espíritu libre y sus talentos. Así, afirma: *"Ser autodidacta significa estar atento a lo que sucede, abrazar la incertidumbre y conectar con la insaciable curiosidad genuina de descubrir y conocer, para mantener vivo el aprendizaje existencial"*.

3.   Reconectar, descubrir, entusiasmar

A partir de una frase de un filme documental aparece otra clave de este camino personal: *"No busques trabajo, créalo".* Se trata de una perspectiva con la que Ferrán se identifica y propone en el libro. Se asocia con la conexión personal con nuestros dones y propósitos, aceptando la responsabilidad del proceso creativo que implica, en lugar de seguir el camino que la sociedad establece. Esto tiene una estrecha relación con el camino emprendedor, muchas veces reducido al éxito económico personal. Para Ferrán, resulta evidente la necesidad de una actitud realista y de Reveldía Creativa. Así, la re-evolución personal no es fruto de una disrupción súbita sino de una sucesión de pasos dados intuitivamente en la dirección correcta. Está claro que dejar "la zona de confort" genera dudas y miedos, por lo que se requiere perseverancia y manejo de la energía requerida. Esta *"travesía del desierto"* es inevitable y debe vivirse con agradecimiento hacia lo que dejamos atrás. Un trayecto de este tipo requiere coraje y una gran coherencia entre medios empleados y los fines perseguidos.

Ferran observa cómo crece el número de personas que abandonan empresas e instituciones grandes, *"jaulas de cristal",* asumiendo la incomodidad e incertidumbre del cambio. Al lograr un cierto nivel de coherencia entre lo que pensamos y sentimos con lo que hacemos, se

———

despierta el Don (Mayor) que nos entusiasma y acompaña por la vida. En algún momento, dice Ferrán, se obtiene la contrapartida económica necesaria. Para facilitar el paso se requieren referentes, mentores que han vivido transformaciones profundas y dan testimonio de ello. Claramente, es un rol que el autor ha elegido en la vida y enseña en este libro.

4. Tras la caída de Lehman Brothers

Una de las razones que llevan a recomendar un libro de este tipo reside en el origen de las reflexiones del autor. En este caso, más allá de las peripecias personales, el relato se enriquece con las observaciones de distintos tipos de empresas.

Las personas y las empresas tenemos en común que no somos inmortales, nuestra huella en la Tierra será más o menos profunda según sea lo que supimos crear para otros. Las corporaciones han sido creadas para dar beneficios económicos, poco queda de muchas de ellas cuando llega el fin de su ciclo. Proponerse, desde una dirección de empresa, trabajar sólo para clientes respetuosos con las personas y el ambiente supone un riesgo importante que Ferrán asumió en un momento de su evolución profesional. Más aún, lo hizo cuando la crisis del capitalismo global de 2008 destrozó la economía y la vida de mucha gente.

La reacción inmediata de los afectados se centró en cómo sobrevivir al caos y las múltiples injusticias, entre ellas la ironía de que los causantes de la crisis fueron socorridos por las poblaciones afectadas. El relato vital de Ferrán de aquellos años es uno de los puntos más altos del libro. En medio de las dificultades y la incertidumbre se van fortaleciendo sus convicciones transformadoras de la economía, de la ecología y el buen vivir.

En este punto álgido la Reveldía Creativa lo lleva a un parque en la Ribera del río Turia a meditar y compartir con todos los que se acercaban. Cuenta Ferrán que el árbol que eligió por azar era un ombú. Un ser emblemático de las Pampas, sombra compañera para los gauchos errantes. Pese a no servir como leña es un árbol muy apreciado que se adapta a otros ambientes, incluso las costas marinas.

Al escribir esto, me encuentro cultivando cuatro ombúes en macetas para trasplantar en un terreno de la familia. Fue un regalo de una vecina que los hace nacer de semillas y que ha plantado muchos en un parque infantil cercano a mi casa. Vía el ombú, este prólogo trasatlántico nos une: cuando Ferrán abrace su ombú me estará también abrazando.

De estas experiencias, nació la Red Sostenible y Creativa que se define como un laboratorio experiencial de un nuevo paradigma. Una red con personas de muy diversas profesiones y creencias unidas por propósitos compartidos. Dentro de estos encuentros surgió, entre otros, un aporte pedagógico peruano, la metodología educativa de Sentir, Hacer, Pensar (Método ASIRI) que brindó fundamentos a las intuiciones anteriores de Ferrán.

Otro punto crucial del libro es lo relacionado con el análisis de los grupos y organizaciones, en su evolución hacia la complejidad propia de nuestros tiempos. El autor se pregunta acerca del alcance de Internet como reflejo de la evolución humana y eventual medio de creación de conciencia colectiva de la humanidad. Es oportuno indicar aquí que el modelo económico dominante tiende a convertir toda conquista del ingenio humano en mercadería. Por eso, la importancia de mantener a Internet, el software libre, Wikipedia y otras conquistas disruptivas fuera de la apropiación por particulares.

5. Una Re-evolución disruptiva

La humanidad ha dado grandes pasos desde que los primeros *H. Sapiens* abandonaron las llanuras africanas en fechas aún inciertas, hace muchos miles de años. Las comunidades humanas se establecieron en todos los puntos habitables del globo y crearon los mitos, leyendas y profecías que necesitaban para obtener seguridad en medio de esos mundos salvajes. Podemos considerar este acervo como una gran biblioteca que el autor identifica con *"una especie de conciencia global"*. Recientemente, ha habido intentos de comprender ciertas coincidencias entre civilizaciones distantes mediante diversas disciplinas de investigación. Estos relatos no son verdades científicas sino formas de conocimiento que se irán puliendo, profundizando (y descartando) con lo que Ferrán llama saltos cuánticos personales y sociales. Tal vez no sea la denominación más feliz, pero es una manera de presentar nuevos paradigmas que nos permitan superar los conflictos y contradicciones actuales. La lógica cartesiana tiene parte de verdad, pero no explica todo, por lo que la ignorancia y el misterio nos acompañan siempre como explica Edgar Morin. Por eso, lo de Re-evolución, que interpreto como una evolución que encierra un cambio de paradigma.

En el contexto de esa búsqueda de sentido, Ferrán conoció y presenta el concepto de Creativos Culturales, considerado por algunos como un subgrupo sociológico en pleno desarrollo. Estudios realizados en países desarrollados indican que dicho grupo social supera ya el 30% de la población y constituye una minoría influyente. Aunque esta clasificación no es muy fina, de acuerdo con los criterios expresados en el libro, muestra una evolución de la conciencia individual de millones de personas, especialmente en la sociedad occidental, que conectan con la naturaleza, con una visión holística del mundo y aprecian los valores humanos. De alguna manera, esto nos renueva la esperanza de que, pese a los aparentes retrocesos, el proceso de humanización prosigue su marcha.

6. Formas, neurosis y más

La aparición de nuevas formas (físicas o de ideas) se relaciona con: *"la inspiración, la disrupción, la innovación..." en* procesos de transformación continua. Pese a ello, nos aferramos a una determinada idea sin lograr captar la totalidad de la experiencia. Recientes investigaciones han mostrado que solemos quedarnos con la primera interpretación que nos llega al cerebro, lo que explicaría la razón de tantos debates interminables desde posiciones irreductibles. Ferrán explica que esta forma de autoengaño es fuente de muchas neurosis y, en su peor faceta, del fanatismo. Se produce por considerar únicamente lo tangible, que no es más que lo que la sociedad actual ofrece, en detrimento de los intangibles que en realidad anhelamos: paz, felicidad, amor, alegría, sabiduría. Esta contradicción se alimenta en la sociedad tecnológica, con sus recursos para bombardearnos con mensajes de consumo, cuando no de odio en las redes sociales, que contaminan las decisiones personales. A nivel macro, Ferrán presenta datos recientes de lo disfuncional de la economía global; especulación, asombrosa desigualdad, deudas impagables.

---

7. Armonizando tangibles e intangibles

Recientemente, Economía Humana ha incorporado la lectura de campo mediante la Kinesiología en base a las propuestas de David R. Hawkins (El poder contra la fuerza) como herramienta. Se trata de métodos no reconocidos aún por la ciencia oficial pese a que fueron desarrollados hace años. Otra línea es la de evaluación del impacto de los intangibles en las organizaciones. Ferrán menciona muchos casos de nuevos productos y organizaciones basados en paradigmas de transformación y el curioso caso de Bután con su indicador de Felicidad Interna Bruta.

La distinción entre abundancia y prosperidad ayuda a comprender la ética desde donde se miran los conceptos. Una prosperidad que no es únicamente económica y que se identifica con el bienestar físico, emocional, intelectual, relacional. Esta prosperidad facilita la creatividad y da sentido a la existencia. Encuentro que se emparenta con lo que en la experiencia de Villa El Salvador de Lima, Perú, describen como el Mapa de la Riqueza. Se trata de mirar las potencialidades más allá de las limitaciones materiales. Ferrán nos hace ver, desde su propia experiencia, que la escasez de dinero muchas veces es una oportunidad para descubrir nuestros talentos ocultos. Y, desde allí, repensar nuestros hábitos de consumo, nuestros vínculos personales, nuestros proyectos y el uso que hacemos de nuestro tiempo diario.

———

8. La propuesta de Economía Humana

En su parte final, el texto cambia a tercera persona porque se refiere al presente de este movimiento de Economía Humana, concebido como un "organismo vivo". Se trata aquí de volver a los orígenes de la palabra economía, de su carácter de pilar central de la sociedad y sus valores. Porque el sentido ético inicial de la economía capitalista de mercado se ha ido perdiendo irremediablemente, se ha deshumanizado.

Economía Humana nace muy recientemente a partir de la consultora Rebeldes Creativos SL y cuenta con cuatro promotores iniciales. Los conceptos de Reveldía y Re-evolución toman formas concretas en un circuito virtuoso de articulación, transformación, materialización y divulgación. Es interesante ver como esto se ha ido desarrollando en múltiples interacciones con otros actores de organizaciones innovadoras. Una escala de liderazgos en cuatro niveles (basada en Joseph Jaworski) define estilos personales y organizacionales que van desde el autoritarismo egocéntrico (nivel 1) hasta la trascendencia disruptiva (nivel 4). Aunque hay mucho por recorrer, resulta esperanzador ver cómo se va reduciendo el primer nivel y aparecen señales del cuarto. Como colofón de esta obra se recorren muy variadas fuentes de inspiración que enriquecen con su sabiduría lo expresado por el autor. Lo sigue esa buena síntesis de las aspiraciones y propósitos de Economía Humana que constituye su Manifiesto. Un documento vivo hacia *"un mundo más coherente, próspero y humano"*. Y cierran consideraciones sobre los procesos de empoderamiento en las organizaciones en el marco de la Reveldía Creativa. A los lectores que llegaron hasta aquí les agradezco la gentileza y les auguro una feliz experiencia intelectual y emocional.

Andrés Lalanne,
Universidad Centro Latinoamericano
de Economía Humana Montevideo – Uruguay

INTRODUCCIÓN

Vivimos tiempos apasionantes y complejos. Quizá sea el periodo de trans-formación más veloz y profundo que ha vivido el ser humano en la historia conocida. Este libro, escrito en clave Kairológica y Transidentitaria, está dirigido a los agentes de transformación, a las personas que están creando o quieren crear condiciones para la emergencia de un nuevo paradigma más próspero y humano. Personas, como tú y como yo, que están trasformando su vida, dispuestas a aceptar el gran reto de viajar hacia sí mismos, asumiendo las innumerables dificultades del camino. Es un libro experiencial y auténtico, en la medida de mis posibilidades, que nace con la intención de impulsar y conectar procesos de transformación a nivel personal, organizacional y social.

En la biografía de todas las personas, hay momentos claves, decisiones y acciones, que van modelando nuestra personalidad. Dependiendo de la mirada que adoptemos y las intenciones que nos muevan, alimentamos bloqueos o, por el contrario, permitimos que afloren los talentos y los dones.

Cada vida es única y valiosa en sí misma. La intención y la mirada son las que determinan el sentido. Aunque los aprendizajes son personales, compartirlos puede ser muy valioso para otras personas. Así se ha ido construyendo la humanidad, mediante la trasmisión de las experiencias individuales y su influencia en el inconsciente colectivo. Innumerables aportaciones, sincronicidades y "casualidades" forman parte del proceso creativo. Personalmente, me siento como el canal de expresión de las personas, experiencias y aprendizajes que he vivido. Así que, siento la responsabilidad de ofrecerlas para que sigan su camino y lleguen a todos aquellos que resuenen con ellas. Inicio este viaje compartiendo vivencias y comprensiones personales. Permitírmelo ha supuesto un proceso sanador y deseo que también lo sea para ti. Te invito a compartir este viaje, dando sentido a esta labor inacabada, pues estoy convencido que los libros los acaba de escribir quien los lee. ¡Gracias!

Ya con el libro en proceso, llegó a mis manos un texto anónimo e inspirador. Me he permitido adaptarlo y compartirlo, de inicio, para contextualizar todo lo que en él desarrollo.

La re-evolución silenciosa… y transidentaria

En la superficie del mundo, hay algo de distorsión… las cosas parecen poco claras, aunque calmada y tranquilamente algo sucede en lo profundo.

Una transformación interior está teniendo lugar y algunas personas son llamadas a una mayor lucidez. Es una Re-Evolución Silenciosa, desde adentro hacia afuera, que se expande en horizontal. Es una intervención global. Hay células dormidas en todos los territorios del planeta.

No nos verás en la televisión, ni nos leerás en los periódicos, ni nos escucharás en la radio, aunque también estamos presentes. No buscamos ninguna glorificación, no llevamos ningún uniforme. Venimos en todas las apariencias, tamaños y estilos.

La mayoría desarrollamos nuestra labor anónimamente, actuando tranquilamente detrás del escenario, en todos los países y culturas del mundo. En ciudades pequeñas y grandes, en montañas y valles, en universidades y empresas, granjas y comunidades, en tribus e islas remotas.

Cuando pasas al lado de uno de nosotros en la calle, ni siquiera lo notas. Pues no nos importa el reconocimiento, sino que el propósito se cumpla.

Durante el día, muchos desarrollamos labores habituales, aunque cuando amanece, en la tarde o noche tienen lugar otros movimientos más profundos. Estamos co-creando un nuevo mundo con el poder de nuestra presencia, en silencio y con el corazón abierto.

Seguimos nuestra guía interior con entrega y alegría. Nuestras instrucciones vienen de la Inteligencia Colectiva.

Estamos sembrando Consciencia de manera suave cuando nadie lo nota.

Cada uno nos expresamos en una forma única, con nuestros dones y talentos, con las habilidades naturales que cada uno posee, encarnando la transformación que intuimos para el mundo.

Sabemos que ese es el único camino para que dicha Re-Evolución se lleve a cabo. Sabemos tranquila y humildemente que disponemos del Poder que trasciende la fuerza.

Nuestra labor se desarrolla a un ritmo suave. Como la formación de las montañas, no es visible a primera vista y, sin embargo, puede desplazar las placas tectónicas.

El Amor es la llave para la nueva Unión de los Seres Humanos.

La Inteligencia del Corazón nos abre la posibilidad de encontrar el latido atemporal que compartimos.

Sé la transformación que intuyes en el mundo, nadie más puede hacerlo por ti.

Quizás te unas a nosotros, o ya lo has hecho, todos somos bienvenidos… ¡La puerta está abierta!

1. Nací y crecí en tierra de nadie

Soy una persona de este tiempo de transición. Un ser humano del S.XXI, con sus contradicciones y dificultades que, por alguna razón, he decidido asumir la responsabilidad de recorrer un camino hacia la coherencia y el empoderamiento.

He considerado oportuno comenzar compartiendo algunos unos datos autobiográficos honrando y agradeciendo a personas y procesos vividos que han influido decisivamente en mi vida actual. Recordarlos y compartirlos me permite sanar viejas heridas e incomprensiones, entendiéndolas de forma más profunda y creativa. Fui engendrado sin intención. Quizá como fruto de un impulso de Reveldía Creativa. Eso sí, con la colaboración activa e inestimable de mis padres y su posterior aceptación con todo el cariño, confianza y apoyo que he necesitado.

Nací una noche oscura y fría de invierno. Mientras el pueblo dormía, mi madre rompió aguas y avisó a mi padre que fue a buscar a Don Joaquín. Uno de aquellos médicos de pueblo siempre dispuesto a intervenir, diagnosticando y sanando sin protocolos desde la sabiduría adquirida con la experiencia directa de muchos años de profesión. Cuando llegaron, unos 20 minutos más tarde, yo ya había nacido y estaba sobre el vientre de mi madre. Al parecer, me había hecho un moratón en la mano a base de chupetones. Venir al mundo fue mi primer acto de empoderamiento instintivo y uno de los partos más fáciles que tuvo Don Joaquín en sus varias décadas de profesión. Nací de forma fluida, conectado a esta vida desde el inicio y causando el menor dolor posible a mi madre. Me alegra que así fuera.

Ocurrió en Estivella, un pequeño y tranquilo pueblo de mil doscientos habitantes en el territorio del antiguo Arse-Saguntum, cuna de la civilización ibérica. En una calle que se diluye armónicamente en las laderas bajas de la Sierra Calderona, donde aún se conservan restos de un pasado histórico milenario. Mas allá de los límites formales del pueblo, en el camino a Beselga y al Garbí. Montaña emblemática y sagrada desde tiempos inmemoriales, donde algunas parejas comparten amoríos y las cenizas de los que dejan sus cuerpos vuelan con libertad.

Durante los primeros años de vida, jugaba por allí y tardé mucho tiempo en tomar contacto con otros niños del pueblo. Mi hermano Dimas, 6 años mayor que yo, era mi única referencia cercana en edad. ¡Eso sí! los fines de semana y periodos vacacionales venían algunos niños de fuera. Visitas que aprovechaba, con entusiasmo, para compartir tiempos de juego y desarrollar mis primeros y valiosos aprendizajes.

Este entorno tan singular y sencillamente bello, sin duda, influyó en mi personalidad. Tuve tiempo de conectar con los árboles, escuchar a los pájaros, jugar con las piedras, sentir el fluir del agua por el barranco...y escuchar las historias de mis abuelos con los que pasaba mucho tiempo. Cosa que he agradezco profundamente. Aún puedo sentir los abrazos que le daba a mi abuela. De alguna manera, era consciente de que algún día ya no sería posible. Ella reía y agradecía la muestra de afecto. También, recuerdo la presencia seria y cariñosa de mi abuelo, un transmisor natural de historias de vida, a la vez que alimentaba la estufa de leña.

Mis padres tenían un pequeño taller familiar donde fabricaban peines de asta de toro. Era el último que quedaba del antiguo "Gremi de Pentiners" de Valencia. Las máquinas eran arqueología viva de finales del S.XIX, habían pasado de generación en generación sobreviviendo al paso del tiempo. El proceso de fabricación, desde el cuerno hasta el peine terminado, era completamente artesanal - máquinas, experiencia y manos en acción- y requería realizar más de 20 pasos con diferentes aparatos y tareas con nombres propios y verbos ya casi olvidados: Prensar, Cuadrear, Afaixonar, Garlopar, Toscar, Lustrar… Cada una de ellas, a su vez, estaba relacionada con un miembro de mi familia y con juegos de infancia. La experiencia acumulada y la conexión de las manos con el cerebro eran claves…También, el tiempo ¡Había tiempo! Oficio ya extinguido y palabras que se disuelven en la memoria de pocas personas, cada vez menos.

Mi infancia transcurrió en ese taller anacrónico, ayudando a mis padres con pequeñas tareas. "La fábrica" era parte mi mundo, un espacio de interacción y juegos. Se puede decir que mi contacto con la economía y la empresa ha sido habitual desde que tengo uso de razón. Siempre he oído a mi padre hablar de clientes y proveedores, de negociaciones, de cómo sacar partido a nuestras ventajas competitivas, de importaciones de cuernos de países tan extraños, entonces para mí, como Australia o Uruguay, los pagos en divisas, de cómo afectaban las circunstancias a los precios, de pérdidas y beneficios según las decisiones tomadas, ¡Eso sí que era economía real!

Desde pequeño, sentí que había nacido en un lugar singular y poco corriente que, con el tiempo, he bautizado con la expresión *Tierra de Nadie*. Pertenecía a Estivella pero estaba más allá de sus límites formales; estaba cerca de la montaña, pero no llegaba a ser montaña; al lado del barranco, pero no era barranco. *Tierra de nadie*, un espacio sin identidad concreta y de gran libertad.

Una familia de aparentes opuestos unida en la diversidad y tolerante

Una libertad que también se ha expresado en otras facetas de mi vida. La familia de mi padre, valencianos y de Estivella; la de mi madre, castellanos de Sonseca y toledanos de pura cepa; las dos ligadas a territorios tan diferentes. La Meseta austera, árida, cerealista y el Mediterráneo dionisíaco, húmedo y con aroma de azahar. Tierras complementarias, unidas en sus diferencias, familiarmente. El castellano materno y el valenciano paterno, los dos hablados y sentidos en un bilingüismo natural y enriquecedor. Tuve un abuelo de izquierdas y el otro de derechas. Mi familia participó activamente en la Guerra Civil y escuché historias de buenos y malos de ambos bandos.

Mi abuelo paterno, José, perteneció a la CNT-FAI y se encargaba del economato de Estivella en tiempos de conflicto. Era una persona muy respetada y querida. Aun así, después de la guerra fue represaliado políticamente por *"los Nacionales"* y tuvo que vivir tres años de cárcel. Salió de allí enfermo de tuberculosis y sanó de forma milagrosa. Como único tratamiento, comió huevos crudos hasta llenar el tronco de una palmera, creando una obra de arte surrealista que bien hubiera podido firmar Dalí. Mi abuela y sus hijos tuvieron que sobrevivir como pudieron y con el injusto estigma del marido y padre encarcelado por "rojo". Florencio, mi abuelo materno, fue pastor en su juventud y, más tarde, encontró una salida a sus ansias de vivir y ver mundo en la Guardia Civil. Cuando estalló la guerra estaba en zona roja. Tuvo que dejar a la familia y refugiarse en el Alcázar de Toledo, que estuvo sitiado durante meses, sufriendo escaseces extremas y miedos intensos. Mi abuela y sus hijos tuvieron que sobrevivir, ocultando ser familiares de un Guardia Civil y sufriendo las consecuencias.

Como he dicho, de niño me crié con mis abuelos paternos. El abuelo Pepe no era creyente, la abuela Concha católica practicante. Aun así, vivieron juntos más de sesenta años con una armonía naturalmente respetuosa.El abuelo Florencio murió antes de que yo naciera y la abuela Visita era muy creyente, pero no practicante. Ella era la anfitriona de mis vacaciones de verano en Barcelona. Aún hoy en día, el olor del metro me recuerda a las vacaciones.

Así llegaba yo, desde *Tierra de Nadie* a la gran ciudad después de un viaje que duraba 6 h y media en un Seat 850 color beige, escuchando a Serrat y las rancheras de Jorge Negrete en un *"Cassette"* manual sobre la guantera.

En Barcelona, me esperaban mis 6 tíos y tías maternas para llevarme a descubrir la ciudad. Todo un contraste profundamente creativo para aquel niño solitario de pueblo.

Me siento afortunado por haber tenido ese origen familiar tan heterodoxo en lo ideológico, cultural, religioso... También, agradezco profundamente la vida rural pausada, esencial, pasar tiempo solo... subir a los árboles, ver nidos, recoger espárragos, nadar en el río, visitar poblados ibéricos, fueron actividades lúdicas de mi infancia. Me considero heredero de una tolerancia que trasciende diferencias como expresión vital y del fluir con la naturaleza. Eso es, para mí, ser de *tierra de nadie*.

Recuerdo un día en que mi abuelo Pepe me dijo, de esa forma en la que se trasmiten las comprensiones de generación en generación: *"En el fondo no hay derechas ni izquierdas, hay gente buena y mala en todas partes"*. Esta frase familiar sigue siendo para mí, muchos años después, una fuente de inspiración y sabiduría. Esconde una profunda lección de vida, de tolerancia, perdón y cierta transidentidad en alguien que vivió y sufrió intensamente por cuestiones ideológicas. Mi abuelo, no odiaba a los otros, ni siquiera los veía como enemigos, simplemente había perdonado y, a su manera, trascendido aquellas vivencias. Me conmueve y siento un profundo agradecimiento hacia él por hacérmelo saber de esta forma tan natural y sabia. Cerca de mi casa había un gran restaurante, Els Pins, al que los domingos acudía mucha gente a comer paella. En su jardín, de varios miles de metros cuadrados, había una piscina y un frontón e incluso espacios secretos en los que pude construir una cabaña. Allí jugaba cada domingo con personas diferentes y desconocidas. Encuentros breves que vivía intensamente.

No tuve amigos íntimos en la primera niñez. Sin embargo, tuve muchos conocidos. Posiblemente esto me ha permitido desarrollar una cierta facilidad para relacionarme con poco apego. Posteriormente, todos mis amigos han sido *"animales curiosos"*, como decía Antonio Machado en su poema *"A distinguir me paro las voces de los ecos"*. Me interesa la gente auténtica, humilde y coherente. En ese sentido, me siento muy afortunado.

De alguna manera, haber nacido en tierra de nadie ha condicionado toda mi vida, permitiéndome ver desde otro lugar. Digamos que, de forma natural, he sido condicionado y, a la vez, he elegido vivir una vida sencillamente no-convencional.

La primera acción de Reveldía Creativa consciente

Entonces, en los pueblos eran poco comunes las guarderías y en Estivella aún tardaron en llegar. Entrábamos directamente en primaria con 6 años. Recuerdo mi primer día de colegio, el aire fresco de septiembre, el sueño y el viaje al pueblo de la mano de mi madre y hermano. Sabía que entraba en otra fase de mi vida: *"estaba haciéndome mayor."* En el cole conecté con los niños del pueblo. Ellos ya se conocían y tenían sus roles grupales creados, mientras que yo llegaba de otro lugar. Desde el principio, tuve la sensación de no encajar, de ser diferente. Me sentí un forastero en mi propio pueblo.

Recuerdo perfectamente que, a los dos o tres meses, tuve una especie de reflexión intuitiva: *ya no hay marcha atrás, estás atrapado, ahora primaria, después EGB, BUP y COU, La Universidad...* Una sensación de vértigo y claustrofobia recorrió todo mi cuerpo, era un corsé demasiado estrecho, me faltaba el aire. En ese momento, con apenas 6 años, de manera profunda y clara, decidí no seguir el camino formal de la educación. Más adelante, con el tiempo, esta visión se fue confirmando porque lo que me ofrecían en el colegio no me interesaba y lo que me interesaba no estaba allí.

De una forma muy básica e instintiva, dejé de creer en la educación oficial, porque intuía su influencia uniformadora y limitante. Al mismo tiempo, se despertó en mi un espíritu autodidacta que ha sido fundamental en la evolución posterior de mi vida.

Ese fue uno de esos momentos en los que, de forma natural, elegimos otro camino y, por tanto, generamos una huella importante en nuestro sistema de creencias que tendrá muchas consecuencias en el futuro. Desde entonces, he sabido que era un Outsider y que debía buscar lo genuino más allá de los caminos habituales. Ahora, siento que he sido aceptablemente coherente con esa decisión. Y, al volver a recordar estas vivencias, siento profundo agradecimiento hacia aquel niño y su claridad intuitiva.

A los trece años, cuando terminé la EGB dejé voluntariamente los estudios formales, para mi tediosos y desmotivadores. Éste fue el primer acto de Reveldía Creativa del que tengo consciencia. Mis padres me insistían que estudiara, tenía facilidad y sacaba buenas notas sin necesidad de estudiar. No suspendí ningún curso, ni asignatura, pero no me interesaba el instituto. Nunca he necesitado formulas químicas o las raíces cuadradas, me daba cuenta de lo lejos que estaban de mí aquellos conocimientos, que no tenían en cuenta mi personalidad o talentos.

Lo peor, desde mi punto de vista, es pretender que todas las personas aprendamos de la misma forma y con los mismos planes de estudio. Somos diferentes y, precisamente, ahí reside la creatividad. Afortunadamente, hoy en día, sabemos que hay múltiples inteligencias

———

y, por tanto, múltiples vías de aprendizaje. En mi caso, principalmente experiencial e intuitivo. Nada que ver con las largas horas de estudio mental y las evaluaciones basadas en la memorización de conceptos y fórmulas sin ni siquiera integrarlas.

Hoy en día, hay numerosas líneas educativas como Montessori, Waldorf, Somerville, Asiri...que proponen alternativas ya contrastadas. Grandes profesores y teóricos críticos como Ken Robinson, Kannamori, Ana María González o Carlos Calvo, y los españoles, Carlos González y José María Toro. Todos ellos con diferentes aportaciones muy recomendables para entender hacia dónde va la educación del nuevo paradigma emergente.

Así mismo, cada vez, resulta más evidente la intencionalidad de control a través de la educación por parte de las líneas oficiales. No obstante, llegan nuevas propuestas más conscientes, de una forma mucho más veloz e imparable de lo que somos capaces de prever.
Aunque no comparto el propósito y enfoque del sistema educativo oficial tanto público como privado, guardo muy buenos recuerdos de aquellos años de infancia y me ha sido útil, como punto de partida, para las cuestiones prácticas de la vida y la socialización.

Inicié la vida profesional como aprendiz de artesano de un taller anacrónico

A los trece años comencé a trabajar en "La Fábrica", el taller de mis padres. Así, inicié mi carrera profesional como aprendiz de artesano y pude vivir un mundo, ya muy lejos de la realidad que vivimos. En ese tiempo, aprendí muchas cosas de mi padre. Destacaría su gusto por el trabajo bien hecho y sus frutos, por la innovación en los procesos y su honestidad. ¡Cada peine es único! Porque los artesanos dejan su impronta en los productos que elaboran. Nuestros peines eran de calidad y se vendían en las más selectas y elitistas perfumerías de toda España.

Trabajar con la familia es algo muy complejo. Somos a la vez familia y compañeros de trabajo. Acabé pasando muchas horas con mis padres, en relación e interacción continua, asumiendo cambios de rol de forma constante. Ahora eres hijo, ahora compañero o aprendiz. De hecho, durante muchos años he llamado a mis padres "Jefe y Jefa", de forma cariñosa.

Las manos actuaban de forma automática y a la vez había una vigilancia confiada para detectar y resolver cada pequeña particularidad o defecto. "Éste más grueso, el otro con hoja o con una señal poco adecuada". Si me distraía podía estropear las piezas o tener un pequeño accidente, mayoritariamente cortes. Recuerdo que cuando salía sangre utilizábamos el polvo de cuerno directamente sobre la herida como cicatrizante. Aunque algunas personas del oficio llegaron a perder dedos con las sierras, en nuestro caso, nunca pasó nada grave.

Después de 6 años de vivir la artesanía intensamente, incorporé la sabiduría del proceso. Cada parte genera desechos y cada peine que se queda inacabado, no llega a ser. La producción de un peine depende de muchas condiciones: el tipo de cuerno, la experiencia y atención del artesano, el estado de las máquinas... Todo ello fue un gran aprendizaje para mí, así como el afán de mi padre por la mejora continua que le llevaron a introducir considerables innovaciones en algunas fases del proceso de fabricación de peines respecto a lo que se venía haciendo.

La artesanía es una forma de meditación en acción. Hacíamos mindfulness naturalmente, viviendo el momento con precisión y manteniendo la atención. Cuando estaba tenso o preocupado por algún motivo, las horas se hacían interminables. Cuando fluía concentrado en el presente, el tiempo desaparecía y mientras mis manos se movían, podía soñar y volar con la imaginación. Vengo de la artesanía, de la acción a ritmo lento y constante, de un pueblo de pocos habitantes con sus tradiciones, del contacto con la naturaleza...y de soñar un futuro de posibilidades ilimitadas.

...el deleite de conectar con la sabiduría

Cuando tenía 12 años conecté con Carlos Querol, un conocido del pueblo que estudiaba Bellas Artes. Me gustaba verlo pintar en el caballete y conversar. Había algo diferente en él, de manera que fue todo un descubrimiento para aquel niño inquieto. Por aquel entonces, Carlos Querol rondaba los 20, era 8 años mayor que yo. En la facultad había conectado con la sabiduría oriental. ¡Aquello sí que me entusiasmaba!

Poco a poco, fui entablando con él una relación personal profunda. Fue mi primer maestro no formal de vida. Con él comencé a meditar, conecté con el mundo ibérico, con el arte, la alimentación natural... Me recomendaba libros. Recuerdo los de Lobsang Rampa, los Grandes iniciados, Momo o las aventuras de Don Juan...

Yo absorbía con deleite toda aquella nueva sabiduría que fluía a través de él y las vivencias compartidas junto a otros personajes a cada cual más singular:

Frai Vicent, un fraile franciscano que habitaba en el Monasterio de Santo Espíritu del Monte en Gilet y provoca fenómenos extraordinarios en su entorno. Por cierto, siempre que lo visitaba salía a mi encuentro de forma sorprendente.

———

Taka, un japonés de edad incierta, que parecía no envejecer. Hacía masajes con los pies y sanaba dolencias complicadas como hernias discales de forma "milagrosa". Peter, un loco maestro taoísta de origen húngaro, que adiestraba en Neo Kung Fú con loca sabiduría. Más loca que sabiduría.

La verdad es que las influencias fueron variadas y verdaderamente singulares. Eran los años 80 y con la recién inaugurada democracia, llegaban nuevos vientos y se respiraba entusiasmo e ingenuidad. Una gran apertura instintiva hacia toda clase de nuevos conocimientos. Se manifestaba una gran necesidad de búsqueda interior, un impulso básico cuyo efecto ha influido en la evolución de muchas personas. Era el tiempo de los pioneros, que llegaban y formaban a los que años más tarde han ido asumiendo roles de instructores y maestros autóctonos de las diferentes tradiciones y escuelas.

Respiré ese ambiente de genuina búsqueda interior, a la vez que seguía formándome en la artesanía familiar.
De este tiempo, además de numerosas vivencias que han influido directamente en mi sistema de creencias y valores, encontré la meditación. Práctica que, con el tiempo incorporé y que ha sido el camino de aprendizaje más valioso y determinante en mi experiencia vital. La Sierra Calderona atraía de forma natural y por alguna razón desconocida a los más diversos personajes.

———

Carlos Querol y yo disfrutábamos del privilegio de estos encuentros y conexiones. Desde entonces, me he considerado un indígena occidental del siglo XXI. Carlos ha desarrollado su vida profundamente conectada a este territorio aparentemente natural y en algunos aspectos secreto, asumiendo, con más o menos consciencia, el rol de *"Un Guardian"*. Si lo buscas por allí y tienes conexión quizá te encuentre. Aunque la vida nos ha llevado por caminos muy diferentes, hemos mantenido una conexión especial y siempre he considerado a Carlos un buen amigo y, en cierto modo, un maestro.

Una intuición inspiradora entre lendreras y Luis Del Olmo abre nuevos caminos

Un día, entre los quince y dieciséis años, mientras hacía púas a las "lendreras", una de mis tareas en la Fábrica y escuchaba en la radio a Luis del Olmo en su programa matinal "Protagonistas", oí hablar de unos cursos sobre audiovisuales. Sentí, desde el primer momento, que aquello tenía que ver conmigo y dejé volar la imaginación. Me entusiasmó la idea de grabar y narrar para otros a través de la cámara, contar realidades a través de las imágenes. ¡Qué maravilla!

Otro personaje querido que por entonces influyó en mi vida fue José Ramón Mateu, dueño del restaurante "El Pins", un emprendedor nato y valiente que había asumido grandes riesgos y vivía permanentemente en la cuerda floja. De él aprendí a hacer negocios desde la intrepidez y junto a él conocí a diferentes empresarios y profesionales que visitaban el restaurante para degustar sus excelentes y reconocidas paellas. José Ramón en uno de sus múltiples viajes, compró en Japón la primera cámara de video que tuve ocasión de conocer y comenzó a ofrecer servicios de grabación para amortizar la inversión.

Por aquel entonces, yo hacía extras de camarero los fines de semana en su restaurante y en el verano siguiente me ofreció la oportunidad de grabar. Aunque nunca había utilizado una cámara, tras unas breves lecciones, salí a la calle por primera vez con aquella cámara Hitachi mono tuvo de VHS. Ese día, con la cámara en el hombro, tuve la certeza de que iba a ser un profesional de los audiovisuales. Poco a poco, fui cogiendo experiencia, aprendiendo cómo funcionaba y dejando los extras de camarero hasta convertirme en el cámara oficial del restaurante. Me especialicé en toda clase de reportajes sociales y costumbristas. Un tiempo después, me compré la primera cámara y le pedí a mi padre tiempo para montar los reportajes y desarrollar lo que iba a ser mi profesión durante más de una década.

Saliendo de la zona de confort familiar

Aquel fue otro momento clave de ruptura con lo establecido y de salida de la zona de confort. La Fábrica

———

era un negocio familiar seguro. Toda la producción se vendía sin problemas, además era el sueño de mi padre y se suponía que mi hermano y yo seguiríamos al frente. Aun así, mi tiempo de artesano se había agotado.

Necesitaba abrirme al mundo y conocer otras posibilidades que me ofrecían los audiovisuales. Reconozco que para mi familia fue difícil encajarlo, aunque siempre tuve su apoyo. Era un camino sin referencias previas, otro acto claro de Reveldía Creativa. Así que, aposté con determinación asumiendo los riesgos y confiando. He de reconocer que, en algún momento, no supe comprender a mi padre y sus miedos. Era tan fuerte la pasión que sentía por abrir nuevos caminos...

Al escribir estas líneas y recordar, admiro la aceptación de mi padre a mis decisiones más allá de lo que podía comprender, gracias sin duda a la influencia de mi madre, siempre comprensiva y sabía. Siento un gran agradecimiento por todo lo que he recibido, y sigo recibiendo de ellos, los tengo muy presentes en mi vida. Más tarde, estudié audiovisuales en el Instituto Joan Comenius de Valencia. Necesitaba profundizar en la profesión y terminé los dos años de formación en uno solo, gracias a mi experiencia previa y gran motivación. Primero, desarrollé la experiencia y luego busqué la formación para perfeccionar el aprendizaje.

Así comencé a perfilar, desde la intuición, el esquema de aprendizaje no formal que siempre he seguido: primero sentir, después la experiencia directa y el mejoramiento constante y, finalmente, la formación teórica orientada a necesidades prácticas. Es un esquema se repite en mi vida y, más adelante, explicaré con detalle lo que supone como nueva propuesta pedagógica.

Y se cumple un sueño

Me entusiasmaba la idea de convertirme cámara profesional de televisión. Cuando apareció Canal Nou en octubre de 1989, ya había acabado los estudios y en julio de 1990 pude comenzar a ofrecer mis servicios como cámara externo. Curiosamente, el primer reportaje para TV fue sobre La Fábrica. Con este reportaje, cerraba un ciclo y abría otro que marcaría profundamente la década posterior de mi vida, en la que fui un reconocido y valorado cámara freelance en Canal 9. Durante once años de mi vida, fui cámara profesional de televisión y grabé cientos de noticias y reportajes trabajando para los informativos. A través de la cámara, aprendí a ver la realidad con cierta distancia, lo que supuso otro aprendizaje valioso en mi vida. La cámara genera un espacio entre lo que está ocurriendo y uno mismo. El cámara narra lo que ocurre, selecciona unas imágenes y descarta otras, para contar una historia. La distancia que se crea entre la realidad y la cámara es muy creativa. Aprendí a observar desde diferentes puntos de vista y en diferentes entornos.

El trabajo de ENG, periodista electrónico, me dio la posibilidad de ver y vivir cosas nuevas. Observar a los políticos desde detrás del escenario...En general, les gusta mucho "chupar cámara" y lo buscan de mil formas. También pude conocer de cerca a los protagonistas de los sucesos y espectáculos más sonados de aquellos tiempos.

Hay un cierto poder en la cámara. Me invitaban constantemente, conocí famosos y entendí lo efímero y la banalidad de la fama. Pude descubrir las manipulaciones de las noticias desde las diferentes ópticas, sin la responsabilidad de poner la voz y firmar la noticia. Digamos que me convertí en un observador privilegiado de la actualidad informativa y sus efectos. Hacer periodismo para el informativo es estar siempre activo, con las baterías cargadas y dispuesto a contar con imágenes lo que sucede en tiempo real. Durante años, estuve de guardia las veinticuatro horas. Me podían llamar por la noche para ir a grabar un accidente, un incendio o cualquier otro evento.

Observar la vida y la muerte desde la cámara.
Recuerdo uno de los sucesos más intensos que viví, fue la gota fría de 1991 en el Camp de Morvedre. Una pareja joven de músicos fue arrastrada por la corriente durante la noche y desapareció. Al día siguiente, me enviaron a cubrir la noticia, estaba grabando los restos del desastre,

carreteras cortadas, coches convertidos en chatarra... Cerca del pueblo de Algimia de Alfara, apareció un zapato de la chica. Su cuerpo aún no había sido encontrado. Su padre lo tomó como a un bebé, acunaba el zapato llorando desconsolado. Rebosaba dolor y amor al mismo tiempo. Era como si quisiera volver a proteger a su hija y supiera que ya no era posible. Ese gesto psicomágico le mantenía conectado a ella de una forma imposible de entender en toda su profundidad para los que no hemos vivido una situación tan inesperada y dramática. Una imagen que decidí no grabar por respeto y que me acompañará toda la vida. A continuación, tomé el coche en dirección a Burjassot. A pocos metros, en el pueblo de Torres Torres, estaban de fiesta. La banda de música tocaba los habituales y alegres pasodobles. Las clavariesas estaban felices con sus trajes y su familia, a unos cientos de metros de aquella situación tan dramática. Durante unos momentos, tuve que parar el coche para integrar. Fue una enseñanza viva y transformadora. La vida y la muerte en un baile impermanente y continuo, la fiesta y la tristeza, la tragicomedia de la vida en su más pura expresión desplegándose ante mí, en unos escasos metros y minutos.

Tras años de observación desde la cámara, me llegaron oportunidades para realizar documentales. Dirigí varios: Opulentissima Saguntum, De invisibles a visibles, El legado de los Alarifes que fue presentado en la Feria

Internacional de Bolonia...Y a través de esta actividad audiovisual trabajé con varias empresas, e incluso, multinacionales como la empresa Agrevo que ahora forma parte de Bayer. Más adelante, desde 1997 hasta 2008, dirigí dos empresas de comunicación: Artis Media y Aqueloo Comunicación Global, en las que seguí profundizando en el aprendizaje organizacional y la comunicación.

La Transidentidad otra forma más libre de entender la vida

Una de las claves fundamentales de estar Tierra de Nadie y de la Reveldía Creativa es aprender a interactuar con los diferentes campos de energía personales y grupales, sin dependencia, pero con confianza y visión. Mantener viva esa curiosidad innata es la llave que abre la puerta de la sabiduría que hay en cada experiencia de la vida.

Recuerdo que de muy pequeño era del Barça, influido por los viajes estivales para visitar a mi abuela, después fui del Valencia por fidelidad a la tierra donde nací y, años más, tarde dejó de interesarme el futbol. Creo que esto es algo a reivindicar en el presente. Las cosas se manifiestan y cambian continuamente. Recuperar el poder que nace de observar con espacio la realidad, interactuar con aquello que ocurre, pero sin dejarse llevar. Así nace la posibilidad de aprender, de crecer de otra manera, evitando muchos de los conflictos que nos acechan si perdemos la ecuanimidad. Cuando alguien dice "yo soy "ó "hemos ganado" en un partido futbol. No es cierto, es una ilusión que surge del apego emocional. Los que han jugado son los once futbolistas que estaban en el campo. Cuando no generamos espacio con aquello observamos, dejamos que algo externo a nosotros influya en la noción que tenemos de nosotros mismos, confiriéndole el poder de influir o manipular nuestras emociones, alejándonos de nuestra esencia y de la vida para, en definitiva, perder nuestro poder personal.

En mi camino, ha sido muy importante darme cuenta e ir trascendiendo las polaridades y dependencias que he experimentado, con aceptación y agradecimiento por lo aprendido.

¿Hombre o mujer? Sencillamente, persona con aspectos masculinos y femeninos interactuando constantemente. ¿Derechas o izquierdas? Personas, aprendiendo a crear y gestionar la sociedad de la mejor forma posible ¿Valenciano, español, ciudadano de mundo o viajero del universo? Todos a la vez y ninguno en especial, depende del contexto y sin renunciar a los demás. ¿Católico, agnóstico, budista o simplemente espiritual? Qué más da la fuente, si el agua es limpia y pura. Quizá es posible ir más allá de aparentes opuestos. Trascender el apego a las engañosas y limitantes polaridades. Para lograrlo, es imprescindible crear espacio y desarrollar presencia.

———

Lo importante es cómo nos relacionamos con estos conceptos; cómo forman parte de nuestro sistema de creencias; cómo me influye el campo de energía que subyace a cada persona, creencia u organización. Una cosa es interactuar y observar creando espacio y otra es apegarse a lo que surge como si fuera una verdad absoluta e inamovible.

Cuando tenía once o doce años, empecé a fumar influido por la permisividad de la época y como un acto de rebeldía ignorante propio de la edad. ¡Fumar me hacía sentir más hombre! Al poco tiempo mi madre, lógicamente olió el tabaco y me preguntó si fumaba, le contesté: *"He empezado a fumar algún cigarrillo, entiendo que no te guste, pero yo quiero fumar y no quiero esconderme o mentir"* A lo que mi madre contestó: *"No es bueno para ti y menos siendo tan joven, sería bueno que lo dejaras".*

La confianza que me mostró mi madre en ese momento me dejó huella. Confiaba tanto en mí que lo dejaba en mis manos. En el fondo sentí que confiaba en mi criterio, aunque no lo compartiera. Ella de tanto en tanto me lo recordaba con respeto. ¡Llegué a necesitar dos paquetes diarios! Llegó el día que me di cuenta de que aquello no iba conmigo, que se trataba de una autoagresión tóxica. Entonces, decidí dejar de fumar.

Tenía diecinueve años cuando tomé la decisión de dejar el tabaco y empecé a mentalizarme para asumir la responsabilidad. Después de un tiempo de auto mentalización y de observar el tabaco como algo externo y perjudicial que no aportaba nada bueno a mi vida, y varios intentos como aprendizaje, un día sentí con claridad ¡Ha llegado el momento! Al tercer día de haber dejado de fumar, tuve la certeza de que no iba a fumar más en mi vida y así ha sido. Quizá aquella confianza de mi madre acabó dando sus frutos, a su debido tiempo. La clave fue la desidentificación, que me permitió, tomar la decisión de dejar de pertenecer al tabaco y liberarme de su dependencia.

La Reveldía Creativa en acción me llevó de forma intuitiva a encontrar la forma y el momento adecuado para dejarlo y a descubrir la gran cantidad de energía bloqueada detrás de este conflicto que supone fumar. Fue un subidón de autoestima. Aprendí que era posible soltar una dependencia y adicción fuerte, que sorprendentemente las claves estaban en mi interior y que podía acceder a ellas a través de la intuición. Gracias a la integración de este aprendizaje, he podido transformar otras situaciones conflictivas con confianza. ¡Ese es el gran regalo que me llegó a través del tabaco y de mi madre!

Nacer en Tierra de Nadie influyó en mi infancia, fue una fuente abundante de inspiración. Nacer en una familia heterodoxa y tolerante, con dos visiones ideológicas aparentemente opuestas, aunque unidas en lo esencial, el amor tolerante. De ese amor surge, la confianza que es la base para la intuición y la Reveldía Creativa que trasciende identidades y falsas autoridades...Gracias

Ejercicio: Trascendiendo dependencias y creencias

Te propongo un ejercicio. Trata de tomar consciencia de tus dependencias o creencias limitantes: las que aún permanecen en ti y las que has podido trascender. Tan sólo lo detéctalas y obsérvalas con atención y sin juicios. Las más peligrosas son las que no se ven fácilmente. Anótalas en un papel. Decide una a una cómo quieres relacionarte con ellas. Siendo realista, elige la primera que quieras trascender y mantén esa decisión. Cada día, obsérvala, permítete jugar con ella, agradece su presencia en tu vida y refuerza tu decisión de dejarla partir...con confianza.

Si perseveras un tiempo en este ejercicio, posiblemente llegará un día que podrás soltarla sin esfuerzo. El tiempo que te lleve en lograrlo dependerá de la intensidad del apego y tu nivel de concentración y determinación en la decisión. No te precipites deja que sea tu intuición la que te diga cuándo y cómo.

2. Profundizando en la Reveldía Creativa y el Don mayor

La fecundación y el parto son los primeros actos de Reveldía Creativa que todos los seres, vivimos. Un prodigio único e irrepetible que habitualmente comienza con el gozo de la unión de dos personas, después, en el caso de los mamíferos, un espermatozoide debe recorrer un camino desconocido y lleno de obstáculos hasta llegar al óvulo y entregarse sin condiciones, deja de ser espermatozoide siguiendo un impulso vital, creativo e indescriptible.

Desde el aparente caos inicial, comienzan a organizarse de forma natural las células de un nuevo ser que, una vez desarrollado, debe abandonar la amable protección del vientre materno y con otro impulso de Reveldía Creativa instintiva, salir a un mundo desconocido y sumamente complejo.

Comienza un camino que puede llevarnos a superar fases, no muy diferentes en esencia de lo vivido en origen y a la vez siempre nuevas, una sucesión ilimitada de fecundaciones y partos, hasta realizar el sentido último de la vida.

Por tanto, todos hemos sido Reveldes Creativos de forma natural y desde el origen. Simplemente, algunos mantienen cierta consciencia y coherencia con esta realidad y otros de alguna forma eligen caminos más largos y dificultosos, o incluso olvidan, y se pierden en los engañosos recovecos de la vida. Podríamos decir que todos tenemos el potencial de volver a recordar, Volver a conectar con lo que en esencia nunca hemos dejado de ser.

Trascendiendo la Rebeldía por una "casualidad"

Me gustaría aclarar el significado del concepto Reveldía Creativa. Aunque en verdad, más que un concepto, es una experiencia viva y, por eso, aparece destacado con las iniciales en mayúsculas. Surgió a través de un aparente error mientras diseñaba un blog personal con Maribel, mi actual compañera. Encontramos interesante y provocativo titularlo "Diario de un Rebelde Creativo". Al escribirlo, en el diseño se coló una falta de ortografía, la *b* se convirtió en *v*. A mí, me gustó desde el principio, no sabía muy bien porqué, quizá con una falta ortográfica era más provocador.

––––––

Desde entonces hemos ido jugando con las dos *rev-bel-dias* en diferentes contextos. A la hora de plantear este libro, se me ocurrió buscar la etimología y entendí el sentido profundo de esta curiosa "casualidad". Así, de forma natural y lúdica, ha nacido esta propuesta.

Comencemos por la etimología. Rebeldía viene del latín *bellum* y significa guerra. Literalmente, la rebeldía es una forma de lucha contra lo impuesto y lo establecido. Toda lucha, aunque sea necesaria para desestructurar algunas realidades ya agotadas o poco creativas, es una forma de violencia y, por tanto, destructiva en esencia. Sin embargo, Reveldía es una nueva palabra, inexistente en el diccionario, que estaría relacionada con el latín *velum* que significa velo. Así pues, la Reveldía, con "V", tiene que ver con revelar o desvelar. Por tanto, la relaciono con un impulso vital que permite ver a través de los velos y trascender realidades.

En cuanto a "Creativa" es la dirección hacia la que se dirige la acción. Lo utilizo para referirme a la Creatividad existencial, más allá de la creatividad intelectual o artística. Se trata de un impulso más o menos consciente, aunque profundamente transformador, hacia la trascendencia. A lo largo del libro, utilizo la expresión Reveldía Creativa para concretar algunas experiencias que, de este modo, quedan bien definidas y pueden ser fácilmente reconocidas.

Pienso que la Reveldía Creativa, sana un concepto anterior y a la vez supone un descubrimiento que puede aportar cierto valor al precisar mejor la experiencia descrita.

Otra curiosidad sincrónica. En la foto de portada de aquel blog, yo aparecía completamente desnudo en posición fetal, es decir, expuesto y sin velos.

"Sigue siendo Revelde" ...el primer consejo que recibí de un maestro

Mi primer Maestro fue Sangharakshita, un inglés autodidacta que en la Segunda Guerra Mundial llegó a la India como soldado y luego quemó su documentación y desertó para comenzar la búsqueda de un camino espiritual. ¡Un valiente acto de Reveldía Creativa! Más tarde, Sangharakshita fue una persona clave en la conversión de millones de intocables al budismo, lo que supuso trascender el sistema de castas y su dignificación como personas. También, fue el fundador de la Orden Budista Occidental, ahora llamada Triratna Buddhist Community, extendida por todo el mundo y está considerado un erudito y reformador del budismo del siglo XX.

Un día, fui a visitarle con un grupo de discípulos y estuvimos conversando con él. Bhante, como le llamábamos cariñosamente, era ya una persona de más de 80 años. Al final de la reunión, me acerqué a él para solicitarle un consejo espiritual, Bhante me dijo *"Sigue siendo revelde"*. Aquellas palabras fueron reveladoras y me impactaron profundamente. Ahora sé que se refería a la Reveldía (con v), la que ayuda a trascender los bloqueos y limitaciones. Una Reveldía con mayúsculas que disuelve lo que aparenta ser para poder descubrir y permanecer en lo que es. Ese fue el primer consejo directo que recibí de un gran maestro y un auténtico Revelde Creativo. Siento agradecimiento y alegría al compartirlo.

La Rebeldía (con b) puede ser ignorante y destructiva, mientras que la Reveldía (con V) se centra en lo constructivo, en lo que nace, integrando los aprendizajes y aceptando la transformación.

En el primer caso, toda la percepción está influida por el enfado y la violencia, la imperiosa necesidad de destruir lo que creemos que ya no sirve. Se trata de una respuesta de baja frecuencia que viene precedida de bloqueos y falta de claridad, puede ocasionar enfermedades, revoluciones y guerras. Los daños colaterales y el sufrimiento que genera son altos. Es la rebeldía relacionada con *bellum*. Sin embargo, podría ser la base de una verdadera re-evolución, si disolvemos viejas estructuras internas o externas, personales u organizacionales, y aprovechamos e integramos su impulso en una nueva visión.

La nueva Reveldía integra la vieja y la trasciende cuando el impulso rebelde inicial se abre al espacio para que llegue la revelación, que luego se integra de forma creativa, haciendo posibles nuevos escenarios.

———

Cuando nos enfocamos en lo nuevo, aumenta la fluidez, la claridad y la frecuencia de nuestra respuesta. Por tanto, avanzamos atravesando obstáculos y encontrando lo que se necesita con sabiduría.

Si nuestra vida u organización fuera un espacio para ajardinar, podríamos dedicarnos a eliminar las malas hierbas, es decir lo viejo. Pero, quizá cuando hayamos terminado, por un lado, vuelvan a crecer por el otro. ¡Siempre hay alguna queja, alguna causa por la que luchar! De esta manera, nuestra vida se convierte en una lucha, permanente y estresante, contra las malas hierbas que agota nuestra energía vital.

Otra posibilidad sería visualizar el nuevo jardín y sentirlo, antes de comenzar, disfrutando de cada paso, ya sea eliminando unas hierbas o plantando otras. Aceptando y solucionando de la mejor forma posible las dificultades que van surgiendo, fluyendo de forma relativamente gozosa, iríamos armonizando el jardín y observando cómo emerge el nuevo de forma natural.

Esta es la belleza de conocer e integrar los dos conceptos "reb/veldía + creativa".

Cuando conectamos con la Reveldia Creativa, se unen dos energías que normalmente están separadas: el impulso de renovación y la creatividad, y se acelera la transformación. Somos más conscientes y manifestamos nuestro potencial en cada acción. Esta innovación es el punto de inicio de un nuevo camino, en el que cada vivencia va a tener un sabor diferente. Una nueva forma de ver y ordenar los elementos creando nuevas realidades.

La Reveldía Creativa es el impulso transformador que nos lleva a construir otra vida en lo personal e influir en lo social cuando algo que ya ha cumplido su función necesita metamorfosearse para dar vida a algo nuevo.

Somos los actores del cambio de paradigma que se está produciendo a muchos niveles en esta época tan apasionante que estamos viviendo. Somos los nuevos exploradores del siglo XXI, abriendo nuevos caminos, desde el convencimiento de que la realidad es más amplia, que siempre hay posibilidades por descubrir y realidades por manifestar. Aunque no seamos del todo conscientes, estamos llamados a liderar esta transformación desde los diferentes ámbitos de la sociedad, recuperando nuestro poder personal y proyectándolo con determinación y coherencia hacia un futuro más próspero y humano.

Autodidactas creando nuevos paradigmas

Otra característica de la Reveldía Creativa es su naturaleza libre y autodidacta. Muchas de las personas más influyentes en la historia de la humanidad, han sido autodidactas. Personas que, en un momento determinado, creyeron que algo aparentemente irrealizable o directamente inexistente era posible y fueron capaces de materializarlo. Gracias a ellos, la humanidad ha experimentado saltos cuánticos disruptivos hacia nuevas realidades como, por ejemplo, controlar el fuego o la agricultura, descubrir un mundo más grande y redondo o demostrar una nueva teoría científica.

Aunque la lista de personajes autodidactas de gran influencia es interminable, no me resisto a hacer una pequeña selección que ilustre lo que digo. Maestros y maestras espirituales de las diferentes tradiciones y épocas, filósofos de todas la épocas o creadores multidisciplinares como Leonardo Da Vinci, Albert Einstein o Nicola Tesla. Literatos como Virginia Wolf, Marguerite Yourcenar, Jorge Luis Borges, José Saramago. Cineastas como Alfred Hitchcock, Steven Spielberg o Kathryn Bigelow; empresarios como Henri Ford, Coco Chanel, Steve Jobs o Bill Gates...personalidades culturales influyentes como Frida Kalho y, así, en todas las áreas.

Como ejercicio para comprender la profundidad de lo que expongo y conectar con nuestra capacidad de autoaprendizaje es muy inspirador explorar las biografías de estos referentes.

Existe una Reveldía natural, un impulso creativo que forma parte del ser humano, que nos empuja más allá de los límites establecidos, hacia nuevos horizontes en todas las aéreas del conocimiento y de la vida. Desde mi punto de vista, la verdadera formación de un ser humano nace de la confianza en el aprendizaje directo que nos ofrece la vida con sus ilimitadas posibilidades. Sólo tenemos que estar atentos a las sincronicidades, a lo que la intuición nos dice en cada momento, a cómo lo integramos en el mundo.

He vivido muchas experiencias que apuntan en esta dirección como, por ejemplo, cuando abro un libro que, aparentemente, no tiene nada especial me llama la atención y descubro que tiene ver con el momento que estoy atravesando. O cuando busco en Internet y, de repente, llego casualmente a una página que no buscaba y descubro que aporta valor a lo que estoy haciendo… A todos nos ha sucedido esto en mayor o menor medida. ¿Casualidad? No ¡Serendipia!

Ser autodidacta es abrirse a la intuición y alinearse con la vida, con lo que subyace. Es descubrir el sabor del presente. Entender que la auténtica formación está conectada con aquello que somos en esencia y con la vida.

Cuando priorizamos permanecer en nuestra zona de confort y dejamos en un segundo plano nuestro interés por aprender, nos desconectamos de la vida. Cuando funcionamos en automático, no estamos viviendo nuestra vida, estamos viviendo la vida que otros han decidido que vivamos ¡Son muchas las personas que estudian algo por presiones familiares o sociales sin motivación! Así, nos olvidamos de nuestra capacidad de autoaprendizaje y perdemos poder personal.

Somos mucho más que nuestros estudios o experiencia laboral. Somos seres humanos con una capacidad de aprendizaje ilimitada, con posibilidades operativas y creativas imposibles de describir en un currículum. Afortunadamente, existe una tendencia creciente a tener cada vez más en cuenta los aprendizajes no-formales. ¡Incluso ya hay expertos que los priorizan!

La pregunta no es qué y dónde estudiamos, la clave es para qué. ¿Nos entusiasma? ¿Le da sentido a nuestra vida? Más allá de los títulos académicos o la probabilidad de conseguir un sueldo para sobrevivir, lo verdaderamente valioso es cultivar nuestros dones y talentos.

Según el maestro hindú, Swami Prubhupada, la educación formal nos hace dependientes, *"como perros buscando dueño para poder comer"*

Para ser autodidacta hace falta valentía. Especialmente en una sociedad tan artificial y alejada de la vida como la nuestra. No está socialmente bien valorado salir de los caminos habituales. Hay demasiados intereses y negocio en juego.

Afortunadamente, es imposible controlar el impulso creativo de la vida con leyes y normativas reduccionistas. Lo genuino es vivir con presencia cada día y aprender de lo que sucede. Aquello que la vida nos presenta es siempre una buena lección – el mejor aprendizaje que podemos tener en cada momento- y, por eso, siempre es nuevo. Esencialmente, todos somos autodidactas. No llegamos a esta vida con un manual de instrucciones bajo el brazo. La vida es un camino de aprendizaje continuo. Afortunadamente, hasta que no damos un paso no podemos ver claramente las opciones siguientes.

No hace mucho estaba atravesando un momento complicado. Sentía tristeza y enfado por la incomprensión que recibía por parte de personas queridas. Andando por la estación Joaquín Sorolla de Valencia, un sencillo grafiti captó mi atención:

"Tantos mundos, tantos siglos, tanto espacio y coincidir "

Parecía escrito para mí. Cuando lo leí, algo cambió en mi interior. De alguna manera, me conectó con el presente y con el agradecimiento, mi percepción se abrió y se disolvió gran parte del "drama" que estaba viviendo. Así, pude ver las cosas desde otro lugar y avanzar en el proceso de forma creativa. Ser autodidacta significa estar atento a lo que sucede, abrazar la incertidumbre y conectar con la insaciable curiosidad genuina de descubrir y conocer, para mantener vivo el aprendizaje existencial.

El Don Mayor es Kairológico y libre, no se puede domesticar

Todos tenemos un propósito de vida esencial que normalmente está oculto en las profundidades de nuestro ser. También las organizaciones cuentan con uno, aunque no siempre sean conscientes de él.

Para actualizar nuestro potencial, la vida nos dota con un Don Mayor conectado con nuestro propósito. Este Don conecta con un potencial creativo ilimitado que se expresa, a su vez, a través de una serie de dones y talentos en cada uno de nosotros.

Los dones son naturales. ¡Venimos con ellos de serie! Podemos apreciarlos claramente en los niños prodigio. Los talentos, por el contrario, son potenciales que debemos descubrir, actualizar y adaptar a las circunstancias para convertirlos en capacidades.

A los cincuenta años, por ejemplo, he descubierto que tengo un talento para la cocina que no conocía antes. A través del Don, la vida se expresa de forma mágica e inasible como el aroma de la montaña tras una lluvia en primavera. Es imposible controlarlo o asirlo, sólo podemos atraerlo misteriosamente desde la libertad y la inspiración. Cuando creamos las condiciones adecuadas, el Don se expresa de forma mágica. Es lo que en ciertos ambientes llaman *"Duende"*. Lo podemos ver en acción en esa jugada genial que marca la diferencia, en la composición de una sinfonía evocadora o en cuadro inspirador. También, podemos apreciarlo en esas decisiones impredecibles que transforman una organización impulsándola hacia otro nivel que beneficia a todas las partes implicadas. Es profunda y esencialmente disruptivo. No es posible utilizarlo para seguir haciendo las cosas de la misma manera. En el momento en que se compra y se maneja, se convierte en talento domesticado. Sólo entonces, puede ser manipulado por personas sin talento. De esta manera, pierde la conexión con la esencia y deja de ser.

Cada vez resulta más frecuente que personas, bien sintonizadas con su Don, decidan abandonar las grandes empresas en busca de otras más conscientes. Se trata de una tendencia al alza que va a ser determinante en la evolución de esas grandes estructuras vacías y frías. Si queremos descubrir o recuperar nuestro Don, tenemos que salir de nuestra bonita jaula de cristal y empezar confiar en la sabiduría intuitiva, aunque ello suponga aceptar situaciones incómodas.

Acercándonos y reconociendo a las personas creativas y Reveldes que tenemos en nuestro entorno, creamos condiciones para que fluya la magia. Por otro lado, si estamos al frente de una organización, empresa, ayuntamiento, partido político…y queremos atraer verdadero talento, debemos facilitar que las personas expresen su Reveldía Creativa y encarnen sus sueños.

¡Si quieres sentir el verdadero aroma del azahar, no compres un ambientador, rodéate de naranjos!

Sólo cuando somos auténticos, podemos manifestar nuestro Don. El talento disruptivo es natural, no se aprende ni se fabrica, simplemente se reconoce. ¡Un árbol que crece libre es puro talento! ¡Pura creatividad!

No hay dos árboles iguales en toda la naturaleza. De igual forma, el Don Mayor es consustancial al ser humano porque está vinculado con la sabiduría intuitiva e innata y la esencia de la vida.

Jugando con la disrupción y la Reveldía

A los 17 o 18 años, me di cuenta de que mi mente trabajaba con patrones habituales. En un momento dado, empecé a cuestionarme: ¿Por qué me apetece hacer ciertas cosas y otras no? ¿Por qué tiendo a hacer siempre aquello que más me apetece y de la misma forma? Entonces, empecé a jugar conmigo mismo: el día que tenía ganas de salir me quedaba en casa a leer; el día que me apetecía quedarme en casa, me iba a meditar a una iglesia o callejeaba por una zona poco habitual y sin rumbo. Me hacía mucha gracia pensar que, haciendo algo que nunca habría elegido, vivía cosas que jamás hubiera vivido. De alguna u otra forma, no he dejado de practicarlo desde entonces.

A veces, he comprado un libro o regalo sin saber para quién y luego, a través de la sincronicidad, he sabido a quién va dirigido. ¡Es muy divertido y suele funcionar! Elegir una opción menos habitual o incluso aparentemente loca es una forma sencilla de salir de nuestros patrones habituales y abrirnos a la infinidad de posibilidades que hay en cada momento o situación. Así, jugando con la vida, aprendemos a empujar los aparentes límites de la realidad.

Recuerdo un día que estaba callejeando en Valencia. Me sentía especialmente feliz y compré una cesta con flores para llevar a casa. Al llegar a la calle Ribera, vi a un mimo que interpelaba a los transeúntes sacándolos con gracia de la monotonía. Se fijó en mí y me hizo gestos para que me acercara y le regalara las flores. Me pareció una provocación sutil de la vida que me invitaba a ir más allá de mi sentido de posesión. Me acerqué y le ofrecí el ramo. Lo tomó sin entender lo que sucedía. Seguí caminando sin mirar atrás hasta alejarme unos metros y le miré riendo. Se había quedado inmóvil con la cara de sorpresa...no pude contener la carcajada.

Ejercicio: Cultivando la Rebeldía Creativa

Escucha tu sabiduría intuitiva y decide, por ejemplo, hacer cosas no habituales: voy a desayunar diferente, voy a ir al trabajo por una ruta alternativa, voy a relacionarme con mis compañeros de otra manera. Observas, a lo largo del día qué novedades has introducido y si te surge alguna idea interesante la anotas.

Cuestionándote lo cotidiano, el por qué haces o eliges determinadas cosas y qué sucedería si seleccionas o realizas las cosas de otro modo. Puedes ir al cine, aunque no sea habitual en ti. ¿Cuánto tiempo hace que no lees un libro? Si hace mucho tiempo, entonces elige uno, pero no vayas a comenzar con un libro práctico que tenga que ver con tu trabajo, pídele a tu pareja: "elígeme un libro que quiero leer". Vete a la librería y juega, crea un juego para elegir el libro... Puede ser abrir el libro, buscar una palabra y buscar un libro que haga referencia a ese concepto. Diviértete. Observa lo que pasa a tu alrededor hasta que veas un libro que te llama la atención. Permítete jugar, el talento tiene que ver con el sentido del humor, con la risa...Actuar de otra forma, en espacios no habituales, ir más allá de tus límites. Sal de tu zona de confort, jugando. Sabiendo que algún nivel de inquietud vas a tener que gestionar.

Sal a la calle y trata de hablar con gente con la que no hablarías jamás. Pídele consejos a alguien que no conoces. Es una experiencia, hay gente que huye y que no acepta, tienes que saber primero como relacionarte con alguien que no ha elegido aún hacerlo contigo, si le das espacio encontrarás a alguien que aceptará el juego, es decir entrará en ese espacio que propones.

A partir de ahí, sucederán cosas según lo que quieras saber y la profundidad de tus inquietudes, te llegará una información que te puede sorprender. ¿Cómo es posible que esta persona que no me conoce de nada me haya dicho esto que además tiene que ver con lo que necesito escuchar en este momento? O lo que me dice no tiene nada que ver conmigo, ¡Vaya locura! y tres horas o tres días después: ¡Piiiin!, ¡Fantástico! Esto tiene que ver con aquello.

Lo puedes hacer 21 días seguidos, recuerda que cuando repetimos un hábito veintiuna veces, producimos un efecto neuronal de adaptación a ese cambio. Es decir, 21 días de repeticiones de tal actitud, convierte una actividad aislada en un cierto hábito.

Al final del periodo de 21 días sintetizas y tomas decisiones. Es decir, te anotas los aprendizajes para poder visualizarlos con claridad y tomas –es importante- algunas decisiones que tengan que ver con ese aprendizaje para integrarlas en tu vida. Verás como tu sabiduría intuitiva te sorprende.

3. Reconecta, descubre aquello que te entusiasma y dale sentido a tu vida

Recientemente he tenido ocasión de ver "En búsqueda del sentido". Un excelente documental francés realizado por dos jóvenes, Marc De la Ménardière y Nathanael Coste, que recorren el mundo tratando de entender qué nos ha llevado a las crisis actuales y que hacer para avanzar con sentido. En su viaje, entrevistan a numerosas personas comprometidas desde diferentes prismas con la transformación, recopilando testimonios que van configurando una visión coral del mundo que vivimos.

No busques trabajo, crea tu realidad

En un momento determinado del documental Satish Kumar, uno de los personajes entrevistados, lanza un mensaje claro: *"No busques trabajo, créalo"*. Al escucharlo, me di cuenta de que eso es lo que he estado haciendo, con mayor o menor acierto, durante toda mi vida. Y es, también, lo que propongo en este libro: "Asumir la responsabilidad de crear nuestra mejor versión y ofrecerla". Personalmente, me siento comprometido con

_____

contribuir a crear las condiciones para que, cada vez, más personas conecten con su Don Mayor y descubran su vocación porque lo considero algo fundamental.

De manera especial, los niños y los jóvenes necesitan que les permitamos y ayudemos a elegir sus estudios y profesiones desde el entusiasmo y la vocación. Dos de las locuras más alienantes de la sociedad occidental son el exceso de planificación y el control. Vivimos a un ritmo veloz que no nos deja escuchar, ni sentir, creando falsas urgencias que dificultan nuestra capacidad para discernir.

Desde una profunda desconfianza en el ser humano, creamos leyes y normativas que nos limitan e intentan controlarnos a través de la familia, la educación, la cultura y nuestro entorno más cercano. De manera más o menos consciente, acabamos asumiendo como propios condicionamientos y proyecciones externas que nos empujan a experimentar la vida a través de realidades impuestas, desconectadas de nuestro propósito vital, dones y talentos.

Progresivamente, nos vamos separando de la vida y, por tanto, perdemos claridad y poder personal en favor de los egos personales y grupales más potentes de nuestro entorno, que nos acaban anulando y sometiendo, sin ni siquiera darnos cuenta.

Cuando dedicamos nuestra energía y tiempo a lo que se supone que debemos ser y hacer, a lo socialmente establecido, muy probablemente predomine en nuestra vida la falta de sentido. En el mejor de los casos, vivimos una vida monótona, previsible, desconectada, dentro de una aparente y falsa zona de confort. En el peor, experimentamos frustraciones tremendas y serios problemas de salud porque continuamos separándonos ¡Nuestra vida se aleja de La Vida!

Hace tiempo, me llamó la atención la campaña de publicidad de cierta multinacional icónica de nuestros tiempos que proponía una nueva forma de combinar ciertos zumos y sabores, en una línea cuyo eslogan lanzaba esta afirmación: *"La naturaleza es sabia, pero no tanto".* ¡Sublime! *Ésta me parece una forma muy clara de ilustrar la separación de la que hablo. Creemos que La Naturaleza es algo diferente de lo que somos y dónde vivimos y, además, nos creemos más sabios que la propia naturaleza. ¡Cuánta ignorancia y sufrimiento hay detrás de esa concepción egocéntrica y reduccionista de la vida!*

Si queremos reconectar con nuestro propósito, tenemos que empezar a cuestionarnos los programas mentales instalados en nuestra mente que funcionan en modo automático condicionando nuestra vida más de lo que creemos. Es importante que detectemos nuestras falsas creencias e identidades y tomemos decisiones coherentes, aunque incómodas en la mayoría de los casos, asumiendo incertidumbres, reconectando con la Reveldía Creativa y con nuestros dones y talentos. Desde la desconexión, es complicado decir "Ahora voy a conectar" Normalmente no funciona así. Antes, debemos recorrer el camino de vuelta hacia nosotros mismos, hacia la vida. Así que, se trata de empezar a dar pequeños pasos, de forma intuitiva, en la dirección correcta, uno detrás de otro, porque lo importante es la suma de todos ellos y su efecto en nuestra re-evolución global.

Sólo cuando vivimos algo plenamente, podemos agradecer y dejarlo ir de forma natural. Probablemente, sintamos insatisfacción, sobre todo si ha habido identificación. Aunque, si el proceso es natural y re-evolutivo, el duelo se transforma en agradecimiento. Recuerdo lo relativamente fácil que fue para mí dejar el tabaco o la profesión de periodista electrónico. Fue algo natural, el entusiasmo se había agotado, sentía claramente que el aprendizaje estaba completo y me permití fluir hacia otras experiencias.

La travesía del desierto, personal e intransferible

Es un proceso de transición, que supone asumir un periodo de ajustes que he nombrado como *"La travesía del Desierto"*. Se trata de un tiempo indeterminado y muy especial en el que sentimos que no encajamos: lo viejo ya no nos sirve y lo nuevo aún no se ha consolidado.

Al principio, necesitamos perseverancia y confianza para trascender las tendencias habituales, alimentar y consolidar el impulso de transformación en todas las áreas de nuestra vida. Más adelante, se crea cierta inercia y, naturalmente, el movimiento va tomando impulso propio. De esta manera, trascendemos pensamientos limitantes y miedos para acceder a otros niveles de comprensión y descubrir nuevas capacidades. El tiempo que pasemos *"en el desierto"* dependerá de los aprendizajes previos, de toda una serie de condiciones personales y del contexto.

Así, desde el propio impulso de la Reveldía Creativa, iniciamos un movimiento disruptivo que nos transforma y se expresa a través de todo aquello que vivimos: con quién nos relacionamos, nuestra labor profesional, qué entornos elegimos para interactuar...y qué debemos dejar partir con agradecimiento. En este sentido, me gustaría resaltar que todo aquello que, en algún momento, ha formado parte de nuestra vida, tiene sentido y contiene aprendizajes, aunque a veces nos cueste reconocerlos. Gracias a aquello que vivimos, hoy somos quienes somos. No se trata de juzgarlo, sino de tomar consciencia y dejarlo ir.

Cuando empezamos a reconectar, hacemos que nuestra vida se vuelva progresivamente más coherente con La *Vida* y, así, comenzamos a recuperar el poder personal.

———

El siguiente esquema ilustra el proceso de *"la Travesía del desierto"* que, en esencia, es el mismo para una persona, una organización o un paradigma:

- Un nivel de realidad o paradigma se agota y se convierte en neurótico, pierde el sentido.
- Toma de conciencia de lo que hay que transformar.
- Compromiso claro y fuerte con lo que nace.
- Agradecimiento a lo que se deja atrás.
- Periodo de transición, soltar, integrar y crear.
- Se consolida la nueva realidad.

La coherencia, confianza, perseverancia y las capacidades determinarán el tiempo y fluidez del proceso.

Cuando emprendemos el camino de reconexión con La Vida, de forma natural vamos encontrando las cosas que tienen más sentido para nosotros y la manera de desarrollarlas.

El entusiasmo como guía en el camino

Cuando hay un nivel adecuado de coherencia entre lo que sentimos, hacemos y pensamos, nuestro talento y dones fluyen de forma natural, empezamos a sentirnos parte de la vida y todo aquello que hacemos o elegimos son vías por las que el entusiasmo emerge en nuestro interior naturalmente. Entusiasmo viene del griego Entheos - en theos "Dios en ti". Más allá de toda comprensión intelectual, cuando nos sentimos entusiasmados, Dios (La Vida) está y se expresa a través de nosotros.

Entusiasmo no es sinónimo euforia. Mientras que la euforia produce excitación sin claridad como ciertas sustancias - el alcohol, el café o las drogas, por ejemplo-, cuando nos sentimos entusiasmados sentimos una sensación de conexión agradable que produce calma y comprensión. Es una señal de que estamos en el buen camino. Eso no quiere decir que debamos o podamos sentirnos entusiasmados de manera continua. Es cierto que, cuanto más alineados estemos con la vida, lo sentiremos de manera más continua, pero seguirá habiendo períodos de no entusiasmo, que se irán reduciendo en cantidad e intensidad.

Nuestra manera de interactuar con la sociedad a través de nuestra profesión es una parte fundamental de este proceso de transformación, porque nos permite ofrecer nuestros talentos y dones para crear nuevas posibilidades de acción beneficiosas. Todos podemos crear o impulsar algo realmente útil y valioso cuando conectamos, de manera genuina, con nuestra capacidad creativa a través de nuestros talentos y dones. Estoy convencido de que todo aquello que es creado de este modo, obtiene los recursos y los puntos de equilibrio necesarios para seguir impulsando el círculo creativo que hemos manifestado.

Es importante contar con algún referente cercano que haya vivido este proceso dejando atrás una vida que no le satisfacía para abrir nuevos escenarios. Necesitamos referentes y mentores, comprometidos con la transformación personal y colectiva, que asuman su rol con confianza y claridad. ¡Hay infinidad de casos! Recuerdo, por ejemplo, un chico de valencia que de niño le encantaba arreglar bicicletas. Sus padres querían que fuera arquitecto, así que, estudió arquitectura y comenzó a trabajar en esta profesión hasta que llegó la crisis de 2008 y dejó de tener encargos. Hasta entonces, había ganado un buen sueldo como arquitecto, pero se sentía infeliz. Tras un tiempo de búsqueda, abrió un pequeño taller y empezó a arreglar y vender bicicletas. Actualmente, vive bien y, además, es bastante feliz. Un arquitecto estresado e infeliz, ha dado paso a un comerciante y mecánico de bicicletas tranquilo y aceptablemente feliz.

Todos podemos lograrlo. El camino está siempre disponible. Sólo hace falta el compromiso necesario para andarlo, paso a paso, y sentir confianza en que encontraremos la forma de actualizar nuestra mejor versión. De esta manera, hagamos lo que hagamos seremos agentes de la transformación, impregnando a las personas que entran en contacto con nosotros de entusiasmo y una sincera, felicidad natural.

Ejercicio: Conectando con la sabiduría intuitiva

Comienza escogiendo un tema que quieras explorar conectando con la sabiduría intuitiva. Puede ser concreto o general. Es importante decidir, de inicio, la intención.

A continuación, busca objetos personales que te conecten con alguna experiencia de plenitud, vitalidad y entusiasmo en tu vida.

Siéntate delante de estos objetos en un lugar en el que estés cómodo y te resulte fácil relajarte. Puedes estar sentado en una silla o en postura de meditación, como te resulte más fácil. Es importante que la espalda esté recta pero no rígida y que no la apoyes en el respaldo. Sintiendo estabilizados los puntos de apoyo.

Cuando estés listo, dedica un tiempo diario a observar esos objetos que has puesto delante de ti y observarte. Decide previamente el tiempo que dedicarás a la contemplación. Pueden ser unos 5 minutos diarios si nunca has practicado meditación o más si ya tienes experiencia en ello. Y, luego, repítelo durante 21 días seguidos.

Es importante mantener la disciplina y hacer el ejercicio durante el tiempo que hayas decidido y mantenerlo durante 21 días seguidos.

Cada día, al terminar la contemplación, anota los pensamientos o ideas más valiosas que te surjan en una libreta. Haz una anotación el día el uno, el dos, el tres, el cuatro...hasta acabar el ciclo de los 21 días. Al finalizar el periodo, se trata de que extraigas la esencia de aquello que sea valioso en tu proceso, resumiéndolo en cinco claves importantes para ti. Esas cinco claves te pueden llevan a tomar algunas decisiones concretas. Entonces, comienza a actuar en consecuencia, llevando a cabo acciones coherentes con esas decisiones. Posiblemente, notarás a través de detalles que tienen efectos inesperados en tu vida... Quizá te llegue un libro, un amigo te comente algo que tiene que ver con aquello... Empezarán a pasar cosas en tu vida. Muy importante: si te saltas un día vuelve a empezar. Si hay una interrupción en esos cinco minutos de observación, no reacciones e interrumpas tu ejercicio. No hay nada tan urgente que no pueda esperar cinco minutos, pero por si acaso busca un espacio tranquilo. Considera esos cinco minutos como ¡sagrados! Asegúrate de tener las mínimas interferencias posibles en este proceso.

Utiliza un cronómetro para controlar el tiempo. Transcurridos los 5 minutos, anota todo aquello que consideres importante. Así, día tras día. Una vez cumplidos los 21 días, dedica el tiempo que necesites y permite que se exprese intuitivamente la sabiduría que has generado. Aquellas decisiones, resultado de la síntesis de los veintiún días, serán como faros indicándote el camino hacia el entusiasmo. Tan sólo permite que la vida naturalmente te exprese de qué modo debes ir recorriendo el camino.

Síntesis del ejercicio en 9 pasos:

1. Define el tema a explorar
2. Busca y prepara el espacio con atención
3. Decide el tiempo y el día para comenzar
4. Siéntate con tranquilidad a observar, sentir el cuerpo el espacio... sin intervenir
5. Anota lo que consideres valioso o simplemente interesante
6. Realiza el ejercicio durante 21 días seguidos
7. Observa y analiza lo anotado para sintetizar en cinco claves
8. Toma decisiones concretas y coherentes con estas claves
9. Observa lo que ocurre y actúa en consecuencia

Es una manera sencilla para conectar con la sabiduría intuitiva, lo que nos llevará a tomar decisiones viables y alineadas con nuestros talentos y dones que transformarán nuestra realidad de forma natural.

_____

4. Tras caída de Lehman Brothers nace la red sostenible y creativa

En la década anterior a 2008, tuve ocasión de entrar en contacto con el mundo de las organizaciones desde diferentes escenarios. Trabajé con multinacionales, sindicatos, ayuntamientos, fundaciones... Mi aprendizaje fue siempre experiencial y con un claro interés en los aspectos organizacionales. Me relacioné con diferentes departamentos, pregunté y observé los mecanismos de control y toma de decisiones. Toda esa experiencia me permitió entender sus estructuras.

Recuerdo que realicé un documental para Agrevo, una multinacional del sector fitosanitario que más tarde fue absorbida por Bayer. Se trataba de un proceso de fusión de dos compañías con dos culturas organizativas bien diferenciadas: Argos, valenciana, emocional y familiar; Shering, alemana, fría y ordenada. La interacción entre las personas que venían de una y otra empresa produjo una lucha de poder dentro, más aún cuando durante un tiempo convivieron los gerentes de ambas compañías. Mi amigo y mentor, Gonzalo Monleon venía de Argos y era el máximo responsable de Comunicación de Agrevo, el departamento con el que yo colaboraba. Considero a Gonzalo como uno de mis mentores en grandes estructuras y multinacionales. Tuvimos muchas conversaciones sobre el proceso que se vivía y realizamos juntos trabajos de comunicación que nos permitieron ser observadores privilegiados.

Agradezco profundamente esa experiencia tan poco habitual a Gonzalo, con quien años más tarde creé la agencia de comunicación Artis Media, S. C. Desafortunadamente, falleció muy pronto dejando una profunda huella en todos los que tuvimos la fortuna de conocerlo. Sirvan estas líneas de homenaje a un buen hombre apasionado por la vida. El documental que gravamos para Agrevo tuvo repercusión internacional. La compañía organizó una presentación por todo lo alto en Madrid.

Recuerdo que para producir el documental recorrimos toda España con un buen presupuesto. Recuerdo la locura de aquellos tiempos. Yo vivía cerca de Valencia y el montaje se hacía en Madrid, de manera que, algunos días, cogía el avión por la mañana para trabajar en Madrid y, por la noche, volvía a Valencia. Comprendí, entonces, la ilógica de cómo funcionan estas grandes corporaciones. Me sorprendió mucho ver cómo gestionaban el dinero. Por un lado, eran extremadamente meticulosos para ciertos gastos y, por otro, cualquier cantidad de dinero era válida cuando se trataba de generar aliados internos o externos. Los productos que tenían un margen comercial inferior al 40% no interesaban y, por tanto, se dejaban de comercializar o directamente no se incluían en el catálogo. Otra cosa, eran las líneas estratégicas de comunicación, las investigaciones, los ensayos o las decisiones relacionadas con la competitividad y la maximización de beneficios. Empresas muy rentables se fusionaban sin más y reducían plantilla para aumentar su rentabilidad y cuota de mercado. Me sorprendió todo ese mundo. Para mí, fue un aprendizaje muy valioso que me permitió avanzar en la comprensión, desde la experiencia, de cómo funciona la economía y los diferentes tipos de organización.

Del 1997 al 2008, dirigí dos agencias de comunicación, primero Artis Media S.C y, en 2001, Aqueloo Comunicación Global S.L. Desde esta posición privilegiada pude seguir investigando y asesorando organizaciones muy diversas.

En Aqueloo, empecé a seleccionar los clientes para los que trabajaba. Decidí no trabajar con organizaciones que fueran perjudiciales para las personas o el medio ambiente. De esta manera, desarrollamos la comunicación de Lliri Blau, una de las primeras promociones de viviendas bioclimáticas y sostenibles de la Comunitat Valenciana. Vendimos 147 viviendas en Massalfasar de forma muy fluida. También, creamos toda la identidad corporativa, cartelería y vídeos del Museo Arqueológico de Sagunto MUHSAG, la primera Web sobre "los vegetales en la historia" para la Universidad de Valencia, fuimos colaboradores y patrocinadores de un libro de numismática para un Museo de Estocolmo.

Sin llegar a formar "parte de", he podido introducirme en muy diversas organizaciones, vivirlas y comprenderlas, gracias al aprendizaje natural y autodidacta basado en hacer las preguntas adecuadas en los momentos oportunos. Resultó ser un máster experiencial sobre cómo funcionan las organizaciones a nivel interno. Y ésta es, precisamente, la base para empezar a formular o proponer otra visión.

La disrupción personal y colectiva se manifiesta

En el 2008, se produjo la caída de Lehman Brothers. Tras unos días de desasosiego y profunda reflexión, tuve la comprensión de que aquello no era sólo un crack coyuntural, sino el punto de no retorno de un paradigma económico y social agotado. Fue un acontecimiento disruptivo que marcó un punto de inflexión que pasará a la historia como un hito. Un antes y un después, a muchos niveles. Aún pienso que no somos del todo conscientes de la influencia que tuvo aquel hecho que propició la posterior crisis. Desde luego, en mi vida supuso un profundo cambio de rumbo y un salto cuántico considerable. Sentí que ya no quería seguir dedicando mi energía y capacidades para impulsar el viejo paradigma que empezaba a hacer "crack". Esa forma egóica y complaciente de entender la economía, las relaciones empresariales, las organizaciones, la política... Comenzaba, así, un profundo camino de transformación personal y social. Sabía de forma intuitiva que no había vuelta atrás, que muchas cosas cambiarían definitivamente.

Tras el crack de 2008, mi situación profesional se complicó. Los trabajos que podía hacer desde Aqueloo se quedaron sin presupuesto; los que había pendientes fueron terminando o dejando de hacerse y los que aún entraban eran éticamente insostenibles. Además, se complicaban los cobros, una parte importante de los cuales nunca recibí.

Recuerdo que una tarde de finales del otoño de 2008, paseando por Xilxes, el pueblo donde vivía entonces, me hice una pregunta: ¿Qué puedo hacer? ¿Cómo puedo servir mejor a esta nueva realidad? Sabía que no había marcha atrás y, a la vez, aún no podía ver el camino a seguir. Ese cuestionamiento surgía en un momento de gran tensión interna y externa. Estaba delante de una de esas encrucijadas vitales que te impulsan a dar un salto al vacío. De forma intuitiva, surgió la idea de unir consciencia y comunicación. Un paso adelante desde donde estaba, coherente con las experiencias vividas.

Hacía años que la meditación formaba parte de mi vida diaria. Era la vía de autoconocimiento más valiosa que tenía y un gran punto de apoyo. Toda mi actividad profesional había estado ligada de una u otra forma a la comunicación. No podía, ni de lejos, entrever el camino que comenzaba con aquella intuición...
Los cierres de empresas, los desahucios, la falta de sensibilidad de los políticos, los recortes y rescates...

Todas aquellas injusticias generaron una gran incertidumbre y miedos que supusieron para muchos de nosotros un elemento catalizador hacia la Rebeldía Creativa. Estas circunstancias excepcionales nos llevaron a cuestionarnos lo viejo y, a la vez, abrir una nueva puerta hacia lo desconocido, hacia un nuevo camino de paisajes inexplorados, verdaderamente innovadores a todos los niveles.

Asumiendo riesgos personales por coherencia

Muy pronto, me di cuenta de que mantener la empresa era incompatible e inviable con la nueva vía. Aposté muy fuerte por lo nuevo asumiendo riesgos personales importantes. No podía imaginar, entonces, lo que se avecinaba, la intensidad y profundidad de la transformación personal y social que se viviría en la siguiente década.

En un último esfuerzo a principios de 2009, Aqueloo dio a luz a la revista Valencia Sostenible y Creativa y luego dejó de existir. Toda mi vida se convirtió en un caos. Lo urgente era imposible de gestionar, la revista requería mucha atención y, por otro lado, la empresa se hundía.

La misma manera de entender la economía que había creado una crisis sin precedentes, de carácter irreversible, seguía manteniendo una inercia y un inmenso poder a nivel global. La intuición era profunda y clara: la transformación era irreversible, esa forma de economía iba a seguir cayendo y transformándose de forma constante. A su vez, emergía otra forma de hacer las cosas que necesitaba energía, compromisos y nuevos referentes.

En mi vida, se presentaba un escenario dual: asumir grandes riesgos para tratar de ser coherente o buscar una forma de sobrevivir sin más. De cualquier forma, tenía claro que no iba a ser fácil. Por un lado, sobrevivir era una ilusión poco consistente, que exigía resignarse a una vida incoherente y gris, siempre con un alto grado de dependencia y a merced de decisiones ajenas. Por otro lado, asumir los riesgos de abrir nuevos caminos hacia el empoderamiento suponía iniciar un camino muy duro e incierto en el que embarcaba a toda mi familia. Eso sí, tenía claro que el esfuerzo nos llevaba en la dirección correcta hacia una vida más plena y la posibilidad de influir positivamente en el proceso que comenzaba a desarrollarse.

Una vez más, elegí asumir riesgos y crear condiciones para impulsar lo nuevo. Contaba con una gran confianza en lo que resonaba en mi interior, en las personas y en la vida.

Nace Valencia Sostenible y Creativa

El inicio fue aquella revista: Valencia Sostenible y Creativa, que se ofrecía de manera gratuita sin ninguna gran organización detrás, con contenidos de calidad y contados de forma experiencial. Una revista diferente e inspiradora, que trataba de explorar esos *nuevos paradigmas*, esa nueva realidad que estaba emergiendo con el objetivo de poder divulgarlos y facilitar su expansión. Edité 5.000 ejemplares del primer número de la revista que contaba con 44 páginas y fue patrocinado por La Imprenta Comunicación Gráfica y por algunas aportaciones de organizaciones conocidas. Durante un mes, recorrí la ciudad de Valencia ofreciendo ejemplares a diferentes organizaciones y comercios.

Jugué con ella, dejándola aparentemente olvidada en lugares como la Catedral, El jardín Botánico o en bancos del Jardín del Río… observando la reacción de los transeúntes. Unos se sentaban y no la veían, otros la tiraban a la papelera, la mayoría se interesaba y la ojeaba, algunos pocos se la llevaban a casa sorprendidos. La revista atrajo, de forma natural, a gente muy diversa. Unos simplemente con curiosidad y otros con verdadero interés por un proyecto que emanaba autenticidad y, dada la coyuntura, se sentía como necesario. Empecé a interactuar con personas que estaban viviendo experiencias singulares desde diferentes perspectivas. Eran personas interesadas en temas como la nueva economía, la agroecología, la salud integrativa, la bioconstrucción, la alimentación saludable, la educación, la etnobotánica… ¡Otras realidades eran posibles y además eran necesarias para crear una nueva sociedad! Fue un tiempo en el que concebimos experiencias variadas y recibí enseñanzas muy intensas y continúas. Tenía una sensación parecida a la que deben tener los pioneros cuando abren caminos nuevos, ascendiendo a una montaña por una nueva vía, sorteando y trascendiendo obstáculos. Las perspectivas y las vivencias eran innovadoras y profundamente transformadoras.

Al principio, sólo eran revistas. Nadie sabía qué iba a pasar o cuál sería el desarrollo de aquello. Fue un tiempo intenso y muy creativo, cada día diferente que requirió por mi parte de una gran apertura y confianza. No sabía cómo iba a mantener a mi familia y las necesidades acuciaban. Aun así, sentía un gran entusiasmo y confianza interior. Otra vez la Reveldía Creativa en acción. Con una entrega sin límites al proyecto, 24 horas al día y 7 días a la semana, empecé a experimentar carencias y dificultades que antes no había tenido. En este tiempo, pude comprender los miedos y dificultades que te asedian cuando te sales de los circuitos habituales de generación de recursos. Es interesante ver cómo reacciona la gente ante las verdaderas innovaciones, ante aquello que no está validado oficialmente de forma alguna. Se activan de forma inconsciente los miedos personales y colectivos, creando límites y bloqueos que dificultan el avance, aunque, a su vez, son las palancas que ayudan a trascender la anterior realidad.

A la sombra del Ombú se manifiesta la Red de forma mágica

Así llegó el verano del 2009. Tras varios meses de recorrido y con tres revistas en la calle, me vi en una situación muy difícil: no tenía ingresos, mis recursos económicos se habían acabado y las necesidades eran grandes para mí y para mi familia.

Sabía que, si no daba continuidad a lo que había empezado, en septiembre tendría que comenzar desde cero y sin recursos. ¡Parecía que todo se acababa! No contaba con ninguna financiación ni personal ni para el proyecto. Aquello fue un punto crítico. Otra vez dos escenarios, ahora con más miedos y una situación externa aparentemente sin solución.

La Reveldía Creativa se activó en mí, sentí un impulso disruptivo que me llevaba a hacer lo contrario de lo que la lógica proponía: realizar el primer retiro urbano, abierto y participativo. Una especie de premonición del 15M que ocurriría dos años más tarde. Acampar en un lugar público, sin permisos y proponiendo una transformación desde la experiencia personal, para trascender la vieja realidad.

Envié un correo a todos mis contactos anunciándoles que, a partir del 4 de agosto, estaría en el Jardín del Río, noche y día, meditando y compartiendo con aquellas personas que quisieran venir. Me iba sin comida, con el compromiso personal de no salir del río hasta que terminara el tiempo de retiro que, en principio, era indefinido porque la clave era abrirme a lo que sucediera, confiando en el proceso y en las personas.

Fue como un gran grito de Reveldía Creativa fruto de un profundo compromiso al que me entregué en cuerpo y alma. Suponía exponerme, abrirme a la vulnerabilidad y responsabilizarme de forma creativa con una situación crítica a nivel personal y familiar. He de decir que, en todo este camino tan complejo, mi familia siempre estuvo ahí. A pesar de que no era fácil entender y aceptar, he tenido su apoyo y lo agradezco públicamente. Ser coherente con mi sentir, a pesar de las dificultades, y hacer todo lo posible para que este mundo sea mejor es lo que puedo ofrecerles desde el fondo de mi corazón.

Recuerdo el día que llegué a eso de las 16h. Estaba sólo con mi neurosis y mis miedos. Fuera de toda zona de confort, abriendo un nuevo espacio que no sabía a dónde me llevaría. Mi vida era un huracán. Sabía que sólo lograría mantener la calma si aprendía a moverme desde el centro, intuyendo bien los movimientos y leyendo lo que la vida demandaba.

Sin muchos preparativos, muy ligero de equipaje, allí a la sombra de un árbol, en una zona céntrica, cercana a la estación de metro de Alameda, me senté y comencé a meditar… Simplemente estaba sentado, observando un paisaje aún extraño, que día a día, se fue transformando en mágico y entrañable. Poco a poco, empezaron a llegar hombres y mujeres generosos y, con ellos, a fluir una abundancia difícil de describir… Traían comida, ropa, libros. Cualquier necesidad empezó a cubrirse de forma natural. Aparecía gente con música, la gente que estaba en el río se unía a nosotros. No sólo había comida para mí, sino para todos los que se unían, incluidos algunos vagabundos. Surgían tertulias espontáneas, cada cual ofrecía de forma natural lo que tenía o sabía, masajes, yoga, poesía... Se abrió un espacio mágico y diferente. La gente venía a estar, a compartir. Así, iban surgiendo propuestas o llegaba la información necesaria sobre algún tema.

Un día por la mañana, llegó un médico y meditador argentino, cuyo nombre no recuerdo. Hablando con él, me dijo que el árbol que nos acompañaba era un ombú. La curiosidad nos llevó a descubrir que había mucha historia y leyendas alrededor de los ombúes.

El Ombú es un arbusto originario de América del Sur que aparenta ser árbol. Allí se le llamaba "el árbol bueno" porque era el lugar por excelencia para las reuniones importantes de los Gauchos y otros habitantes de la Pampa desde tiempos inmemoriales. Se le atribuían cualidades como árbol protector y propiciador de encuentros. Descubrimos canciones, libros y poesías dedicadas a los ombúes, fue muy inspiradora esta conexión con la historia y la simbología del Ombú. Allí, protegidos por "el árbol bueno", se desarrolló esta experiencia tan creativa para todos los que tuvimos la fortuna de vivirla. La estancia fluyó sin ningún obstáculo.

He de decir que, durante el tiempo que estuve en el Jardín, continuaron habiendo algunos robos e incluso hubo una persona asesinada a menos de un kilómetro de nuestra ubicación. Nosotros, por suerte, no tuvimos ningún incidente desagradable y sí mucha magia, quizá el Ombú nos protegió. Allí, de forma natural y espontánea, interactuábamos empresarios, vagabundos, poetas, jubiladas, travestis, parejas de enamorados, religiosos... Una combinación heterodoxa y casi imposible de gente, que difícilmente hubiéramos coincidido en otras condiciones, compartiendo desde los corazones un tiempo, o quizá un espacio sin tiempo, de nuestras vidas. A la sombra del Ombú en los siguientes años se vivieron innumerables actividades, encuentros y vivencias que enriquecieron la experiencia de la Red. La sombra del ombú fue nuestro lugar "sagrado". Cuando voy a Valencia suelo acercarme al Ombú, me siento y conecto con él. Tranquilo y acogido bajo su copa, incluso algunas veces lo abrazo. Siento un cariño especial por ese lugar y me consta que no soy el único. El Ombú del Río siempre formará parte de nuestras vidas.

Era evidente que se estaba creando algo, pero no era una asociación, tampoco era una simple agrupación casual, no había una ideología previa, simplemente era un impulso de transformación lo que nos unía. Yo me preguntaba: ¿qué es esto? Intuitivamente llegó la comprensión. Lo que se estaba creando era una Red, una Red de personas con cierto grado de consciencia, creada desde el sentir y organizándose de forma natural. Entender esto fue un gran regalo que ofrecía nuevas posibilidades y que facilitó el camino conceptual y organizativo. Más adelante, pusimos nombre a aquello que estábamos viviendo: la Red Sostenible y Creativa.

Así, nació una nueva forma de organización basada en los valores y las personas. Era una Red basada en los vínculos que se habían ido creando y que se mantuvo sin forma jurídica durante los primeros dos años. Hubo otros muchos otros regalos en forma de contactos, enseñanzas o comprensiones que siguen nutriendo mis vivencias actuales. Lo que allí se vivió daría para un apasiónate libro. Fueron veintitantos días aparentemente, aunque en realidad fue como un espacio sin tiempo, vivíamos en el presente y cada día fue único, eterno...

La Red Sostenible y Creativa un laboratorio experiencial del nuevo paradigma

Lleno de entusiasmo y con energías renovadas, a finales de agosto, llegó el día de poner fin a la experiencia. Aunque no era posible explicarlo con palabras, algo había ocurrido. Los aparentes problemas que me acechaban se habían relativizado, parecía otra persona. Ya no era el mismo Ferrán que llegó al Río. Me sentía empoderado para impulsar el nuevo camino.

La Red Sostenible y Creativa fue evolucionando en los siguientes años. Podemos decir que subsistimos a base de mucha creatividad, magia y altruismo genuino. Eso fue lo que, de una u otra forma, nos permitió desarrollar una iniciativa sin subvenciones, ni patrocinadores externos que la condicionaran hasta el 2015. Cuando nos preguntaban cómo nos financiábamos, nuestra respuesta era "de milagro" y, realmente, así fue. Cuando se necesitaba dinero, aparecía de las formas más curiosas, mediante donaciones puntuales o con voluntarios que aportaban lo que podían. Incluso tuvimos una donación de un terreno de 36.000 metros cuadrados y una vieja casa, a 10 kilómetros del mar, en Les Coves de Vinroma, un pueblo de Castellón.

Semanalmente, hacíamos reuniones abiertas y sin orden del día. Participaban personas de los más diversos orígenes e intereses, tanto profesionales: médicos, agricultores, arquitectos, empresarios, funcionarios... como también espirituales: cristianos, budistas, hinduistas, chamanes, antropósofos... todos iban dejando su huella. También llegaban personas relevantes en diferentes ámbitos con los que se estableció una relación que, en la mayoría de los casos, aún mantengo y con algunos se ha convertido en amistad: Joan Antoni Melé, Emilio Carrillo, Rocío Madreselva, Eagle Man, Pierre Rabhi, Suzanne Powell, Roy Littlesun...la lista sería larga.

Organizábamos actividades disruptivas en lugares como la Bolsa, El Colegio de Médicos, el Ateneo Mercantil de Valencia, El club diario Levante, La Universidad Jaume I de Castelló, el colegio de Psicólogos de Valencia…

También, organizamos 5 encuentros Humanizando la Economía, en los que dábamos visibilidad a emprendedores conscientes. Benetuser en Transición o El I Encuentro de consumo Consciente y Creativo en Burjassot, fueron otras de las actividades más significativas que organizamos.

A consecuencia de esta intensa y comprometida labor, fui invitado a participar en diferentes foros y congresos, tuve ocasión de formar parte del diseño del Plan Nacional de Valores de Catalunya, una iniciativa en la que participamos más 500 personas de todos los ámbitos para anticipar lo que podría ser una sociedad con las personas en el centro. El lema era *"El país crece cuando las personas crecen".* No tardará en llegar el día en que este plan se pueda implementar en algún territorio y sirva de referente para el mundo. Quiero agradecer a Pepa Ninou su extraordinario compromiso y gran visión como impulsora y coordinadora del Plan y su confianza que, con el tiempo, se ha convertido en amistad. Y así avanzábamos en el camino por intuición, alineados con lo que iba sucediendo y compartiendo aprendizajes.

Conectando y co-creando desde el Sentir

Otro de los encuentros que ilustran lo que cuento, fue el que tuvimos con Yvette Carrión. Una mujer peruana de gran corazón y sabiduría. Fue muy curioso. Ella estaba de viaje por Europa y por "casualidad" unos conocidos propusieron una reunión exprés en un hotel de carretera.

La conexión fue instantánea desde el primer instante. Yvette había desarrollado el Método ASIRI, una pedagogía para los nuevos tiempos, basada en los valores, que se está desarrollando desde Perú. Una de sus claves es: Sentir, Hacer, Pensar. Cuando nos la expuso, me sentí reflejado: era lo que había vivido desde la infancia y también la piedra angular sobre la que se había construido la Red Sostenible y Creativa.

De ese modo intuitivo, llegaron personas, se formaron equipos y se desarrollaron diferentes áreas: economía, salud, educación, bioconstrucción... No había una planificación previa: el Sentir nos llevaba al Hacer y, desde ahí, organizábamos y planificábamos. Esto era lo que proponía Ivette como metodología educativa. Se trataba de ese tipo de coincidencias absolutamente sincrónicas y mágicas. Nació entonces una colaboración profunda con Yvette y, por cierto, el compromiso mutuo de escribir un libro, cosa que estoy cumpliendo en estos momentos.

Lo mismo pasó con la antroposofía y el budismo, así como también con Ken Wilber o Ekart Tolle. A través de sus libros nos llegaban conocimientos, unos por vía intuitiva, otros mediante paralelismos con experiencias vividas y otros desde diferentes lugares y líneas de acción.

La acción creaba o reforzaba el conocimiento y, cuando necesitábamos validar o confirmar intuiciones o acciones, aparecía una teoría, que alguien había formulado en alguna parte del mundo que nos ayudaba a comprender y dar un paso en el desarrollo de la Red. Todo este maravilloso proceso sincrónico se desarrollaba ante nosotros y en nosotros. Las personas aparecían y todo fluía. Así, se fue creando un grupo estable de gente y otros de paso que coincidíamos en explorar en red diferentes temas y niveles de realidad.

Descubrí que, en la anterior forma de hacer las cosas, pensábamos mucho antes de hacer algo sin sentir casi nada y, que esa forma de proceder, tenía mucho que ver con la desconexión de la Vida, que vivimos a nivel personal, social e incluso planetario.

¿Para qué han servido los planes de viabilidad de tantas empresas? ¿Para qué han servido todos esos pronósticos macroeconómicos de la OCDE, del FMI y de la Unión Europea?

Los hechos han demostrado que eran papel mojado. La realidad ha sido muy diferente a todo lo que se había planificado, a todo lo que se había analizado intelectualmente. La vida es mucho más amplia y creativa que las estadísticas y el big data. Las cosas cambian continuamente y los elementos disruptivos forman parte del abanico de posibilidades que configura el futuro y, por suerte, son profundamente imprevisibles.

El *"Sentir, Hacer, Pensar"* fue muy importante en las formaciones que desarrollamos en la Red Sostenible y Creativa y es una de las claves fundamentales de Economía Humana como veremos más adelante. Hay un aprendizaje formal, teórico y técnico, que en ciertos aspectos es necesario, aunque el verdadero aprendizaje se produce en el día a día, en cada vivencia.

Cuando aprendemos desde la experiencia y aplicamos este conocimiento en nuestra vida u organización, lo que decidimos está conectado con niveles más profundos. De manera que, aquello que acabamos planificando es coherente y está alineado con el sentir y el hacer.

Desde mi punto de vista, ésta es la puerta de entrada a un nuevo paradigma, a una forma más auténtica y profunda de manifestar nuevas realidades.

De hecho, es clave, para todas aquellas organizaciones que quieren avanzar hacia formas de gobernanza más conscientes y eficientes, su desarrollo requiere actuar desde la Reveldía Creativa y facilitar la puesta en valor de los dones y los talentos.

Así mismo, es muy importante tener en cuenta e integrar lo que aprendimos en el viejo paradigma; sabiendo que el potencial creativo de la vida es ilimitado, que lo que obtenemos es para aplicarlo y debe ser ofrecido.

Normalmente, el proceso comienza con la conexión y el sentir, después comenzamos haciendo pequeñas acciones coherentes y viables que nos abren nuevas opciones, algunas de ellas imprevistas o muy difíciles de prever con anterioridad, en un cierto momento necesitamos ordenar el proceso y es entonces cuando analizamos la experiencia y planificamos, en base a la realidad: *"Hacer es Saber".* Se trata de un ciclo creativo, alineado con la vida, que nos ayuda a explorar nuevas perspectivas.

Un nuevo método de planificación estratégica más coherente, creativo y eficiente para personas y organizaciones. Es así como trascendemos la planificación mental teórica y podemos ordenar los procesos desde la experiencia, conectados con la vida y entrando en un círculo virtuoso y creativo.

Las 8 etapas del modelo de aplicación del "Sentir, Hacer, Pensar"

1- En principio, se debe conectar con el potencial del proyecto o la propuesta y sentirlo sin necesidad de definirlo. Comprobamos si nos entusiasma, éste es un buen indicador para todo el proceso.

2- Tras un tiempo de intuición, reflexión y síntesis, definimos el propósito con claridad: "el para qué". Luego, lo concretamos en una frase que nos resuene y sea coherente con su potencial.

3- Sentimos y visualizamos cuál es la mejor forma de llevarlo a cabo y proyectamos a futuro sin límites, sintiendo el proceso con entusiasmo. Buscamos la dinámica adecuada. Tomamos el tiempo necesario.

4- Definimos como si fuera ya realidad la iniciativa, cuanto más detalle mejor. No lo que nos gustaría o lo técnicamente correcto, sino lo que sentimos coherente y viable. Es importante que confiemos en que es posible y depende de nosotros.

5- Entonces, comenzamos a actuar, a dar pasos concretos y viables en la dirección previamente sentida, con flexibilidad y adaptación a lo que surge. Estamos comenzando a materializar el proyecto. Los primeros movimientos son muy importantes a nivel simbólico.

6- Observamos el proceso y lo que va sucediendo con apertura, aceptación, integrando los cambios y manteniendo presente el potencial y el propósito.

7- Analizamos y planificamos en base a la experiencia del proceso, manteniendo la coherencia con el propósito.

8- Sentimos lo planificado, observamos si nos produce entusiasmo, agradecemos lo vivido y desarrollado y comenzamos de nuevo el ciclo, sintiendo y ajustando lo necesario.

Cuando creamos las condiciones adecuadas, los recursos aparecen en su momento, todo fluye de forma natural, porque lo que hacemos está más alineado y permitimos que la vida interactúe a través de nosotros y, por lo tanto, que ocurran cosas imprevisibles que incrementan la creatividad y los resultados del proceso. Ese fluir, creando desde el sentir con conexión y apertura, abre el camino hacia la prosperidad, creando nuevas formas de interacción personal y organizacional.

Confía... ¡Deja que la vida te sorprenda!... y después agradece.

Reflexiones y aprendizajes sobre la experiencia en red

Desde el origen de la humanidad, nos hemos relacionado básicamente a dos niveles: individual y grupal. En su evolución, el ser humano tomó consciencia de sí mismo, de que podía actuar con cierta libertad y que sus acciones tenían influencia. Así, comenzó a desarrollarse la comprensión individual de la existencia y la conexión más profunda con otros individuos. Poco a poco, este aprendizaje fue incluyendo el entorno y, desde ahí, evolucionó a una conciencia grupal. Desde esta perspectiva, no hay diferencia entre el clan inicial y una asociación, una empresa o un pueblo. En esencia, son Campos de energía grupal más o menos evolucionados.

Si bien es cierto que otros seres y objetos también tienen sus Campos de energía, me centraré en las personas y los grupos.

Con Campo de energía, me refiero a la parte sutil e intangible de cada sistema o grupo. Se crea naturalmente a partir de la interrelación entre las personas que lo conforman, sus emociones, creencias, valores, roles, marco ideológico... y de las interacciones con otros grupos y otras influencias. Desde este punto de vista, el ego grupal es una expresión del Campo de energía de un sistema.

Analizando el campo de energía de una organización, podemos saber muchas cosas como, por ejemplo, el nivel de conciencia del sistema, si su impulso es tóxico o creativo, quién forma parte y qué rol desempeña realmente. Esta información es muy valiosa y tremendamente eficiente para disolver o evitar bloqueos e influir positivamente en la evolución de cualquier organización. Para esta labor, disponemos de la experiencia de años de investigación y algunas metodologías ya contrastadas que describo en el capítulo 8. Todos formamos parte de diferentes sistemas: los amigos, la familia, la cultura a la que pertenecemos, una empresa o un equipo de fútbol. Dependiendo de lo cerrado que sea el sistema, más definido y limitante será su marco ideológico y su Campo de energía. Por ejemplo, si somos del Barça no podemos alegrarnos con los goles del Madrid, o si somos de un partido no votamos al "contrario".

En origen, las interacciones se producían con campos de energía muy polarizados y limitantes, con pocas personas y grupos. Poco a poco, hemos ido aprendiendo a relacionarnos y evolucionar. Con los avances tecnológicos del siglo XX, la complejidad ha crecido de forma logarítmica, de manera que las relaciones e interacciones de los diferentes campos de energía han llegado a niveles muy sofisticados.

Desde mi punto de vista, Internet, símbolo arquetípico de la evolución de la humanidad, aún no ha sido suficientemente estudiado y comprendido por gran parte de la población. Una cosa es Internet como avance tecnológico, otra como nuevo campo de juego para los negocios, o como impulsor y facilitador de la tan nombrada como poco comprendida globalización. La reflexión que propongo va mucho más allá y sugiere preguntas que dejo en el aire para personas curiosas o investigadores cualificados: *¿Es Internet un reflejo* *arquetípico de la evolución humana? ¿Nos ofrece Internet la tecnología necesaria para acceder y consolidar un nuevo nivel de consciencia de la humanidad?*

Tras millones de años de evolución, por primera vez en la historia conocida, gracias a Internet podemos vivir, entender y profundizar en la comprensión de experiencias en Red virtuales y presenciales. Anteriormente, aunque forman parte de la experiencia humana, no tuvimos las condiciones para poder vivir esta realidad de forma generalizada y diaria. Es parte de una nueva cultura que emerge y con la que, de una u otra forma, estamos relacionados a diferentes niveles, unos más prácticos, otros emocionales e incluso otros que involucran y desarrollan múltiples inteligencias. Quizá estemos ante el amanecer de otro nivel de consciencia, más profundo, donde la interconexión de todos los seres y la visión del planeta como unidad es más evidente y, por tanto, comprensible. Quizá este sea éste el camino hacia una auténtica globalización. Si así fuera, aún estamos en pañales, dando los primeros y balbuceantes pasos hacia una nueva comprensión del ser humano y de la vida.

Las redes trascienden e integran los elementos y los grupos, son sistemas de sistemas que interactúan entre sí diluyendo los antiguos límites personales y grupales en aras de una globalización, participativa y transformadora. Esta nueva experiencia de interconexión, generadora de metodologías basadas en la intuición y el potencial ilimitado de creación del ser humano, es a la vez una consecuencia evolutiva y una puerta abierta hacia otros niveles de manifestación. Estas comprensiones y reflexiones que estoy compartiendo surgen de las experiencias vividas en la Red Sostenible y Creativa. Todo un desarrollo de conexiones en red a diferentes niveles: desde el virtual hasta el personal e incluso íntimo, confluyendo en diferentes momentos, interactuando e impulsando nuestro autoaprendizaje en red, hay mucho que compartir sobre este apasionante tema que dará lugar a otros libros en el futuro próximo.En la Red Sostenible y Creativa interactuaron cientos de personas que influyeron directa o indirectamente en centenares de miles de seres. Editamos 8 números de la revista, con 5.000 ejemplares de tirada por número, contando unas 5 personas de media que leyeron cada una, dan como resultado más de 200.000 personas. La web llegó a tener más de 400.000 visitas durante el año 2014. Tuvimos nodos en Madrid, Zaragoza, Barcelona, Alicante, Valdepeñas y personas que nos seguían en diferentes países. Todo un laboratorio experiencial compartido en Red y financiado de milagro desde la generosidad, generando prosperidad.

Esto es simplemente un avance de esta loca y maravillosa experiencia que se desarrolló entre 2008 y 2015. Siete años de aprendizaje continuo, descubriendo y desarrollando nuevas formas organizativas, conociendo gente de vanguardia a nivel internacional en campos muy diferentes que estimularon nuestra re-evolución de forma participativa y compartida. Desde un punto de vista formal, fue todo un reto conectar esta experiencia con la sociedad actual. A finales de 2011, no existía una forma jurídica adecuada para facilitar un proyecto como éste. Finalmente, decidimos de forma asamblearia crear una Fundación como la solución menos complicada, en apariencia, lo que condicionó su evolución y generó dificultades en los años siguientes.

A finales de 2015, terminó esta primera etapa de la Fundación, que sigue manteniéndose como forma jurídica, aunque con poca actividad. La esencia de la Red Sostenible y Creativa sigue viva en todos aquellos que participamos y sigue influenciando los procesos en los que estamos involucrados, inspirando nuevos proyectos y transformaciones personales.

Más allá de procesos formales, lo que subyace a la Red Sostenible y Creativa es una experiencia viva e intangible, que no puede ser contenida en una simple forma jurídica o nombre concreto. Es una mirada desde otro nivel de consciencia que sigue influenciando a personas y creando condiciones para que otra realidad más humana sea posible.

5. Una re-evolución disruptiva creando nuevos paradigmas...

Hubo en el siglo XIX una anciana y sabia mujer perteneciente a la tribu Cree de Norteamérica y llamada Ojos de Fuego. Un día, esta mujer visionaria reunió a los ancianos caciques de la tribu y les comunicó una profecía. Esta profecía hablaba de una nueva tribu llamada "Los Guerreros del Arco Iris" y decía así:

Llegará el día en que la codicia del hombre blanco, del Yone-gi, hará que los peces mueran en los arroyos, que las aves caigan de los cielos, que las aguas ennegrezcan y que muchos árboles ya no puedan mantenerse en pie.

Los ancianos escuchaban atónitos las palabras de Ojos de Fuego, sabían que las palabras de esta sabia anciana se cumplían siempre inexorablemente.
No temáis, llegará el día en que la Tierra caiga enferma pero, cuando no quede apenas ninguna esperanza, algunas personas despertarán por fin de su letargo.

Y no sólo eso, sino que llegará el día en que muchas personas se levantarán y entre todas formarán un mundo nuevo donde reine la paz, la justicia y el respeto por el Gran Espíritu de la Tierra. Llegará el momento en que necesitaremos a "los guardianes de las tradiciones, las leyendas, los rituales, los mitos" para que ellos nos enseñen cómo recuperar la salud, la armonía y el respeto a nuestros semejantes. Ellos serán la clave para que sea posible la supervivencia de la humanidad, y serán conocidos como "Los Guerreros del Arco Iris".

Estos Guerreros del Arco Iris mostrarán a la gente los principios y reglas de la comprensión, el amor y la unidad para hacer una vida coherente. Y enseñarán, por todos los rincones de la Tierra, cómo conseguir esa armonía entre las personas, cómo orar al Gran Espíritu y cómo lo hacían los pueblos del pasado, dejando que el amor fluya tal y como fluyen las cascadas que descienden de las montañas y que acaban uniéndose con el océano mismo de la vida. Y, una vez más, renacerá la alegría de estar en buena compañía, como también en la soledad elegida. Estarán libres de envidia y amarán a sus análogos como a sus hermanos, sin importar el color de su piel o su religión. Sentirán que la felicidad poco a poco baña sus corazones mientras se vuelven uno con el resto de la creación. Sus corazones serán puros y emanarán calidez, comprensión y respeto por la humanidad, por la naturaleza y por el Gran Espíritu.

Les mostrarán que se puede ser feliz independientemente de lo que sucede, porque todo tiene un propósito sagrado que nos lleva a un bien superior. Y sus hijos nuevamente podrán correr libres y disfrutar los tesoros de la Naturaleza y de la Madre Tierra, libres de los venenos y la destrucción generada por el Yo-ne-gi y sus prácticas codiciosas.

Los ríos fluirán cristalinos, los bosques estarán llenos de árboles frondosos mostrando toda su hermosura y estarán poblados por infinidad de pájaros y animales, en general. Como antiguamente, volveremos a respetar los auténticos poderes del planeta, de los animales, y la conservación de todas las cosas bellas se convertirá en una forma de vivir.
Los líderes de los pueblos serán elegidos por sus cualidades y no por la cantidad de dinero que dispongan. serán elegidos aquellos cuyas acciones digan más que sus palabras. Serán elegidos líderes o Jefes aquellos que muestren su amor, su sabiduría y su valor. Serán elegidos aquellos que hayan sido capaces de actuar por el bien de todos.

Estos Jefes emplearán su amor para entender a la gente y para asegurarse de que sus niños y jóvenes sean educados en el amor y en el conocimiento de su entorno. Les mostrarán que los milagros pueden hacerse realidad para curar a este mundo de todos sus males, devolverle la salud y la belleza. Las labores que les esperan a los Guerreros del Arco Iris serán muchas y de gran importancia. Son tareas escritas en mayúsculas.

Entonces, existirán grandes montañas de ignorancia que será necesario vencer y, además, tendrán que enfrentarse a prejuicios, odios y rencores. Será necesario que sean constantes, muestren dedicación plena, firmes en su fortaleza y de corazón; puesto que en su camino hallarán mentes y corazones que muestren gran disposición a seguirlos en este camino que le devolverá nuevamente a la Madre Tierra toda su belleza y plenitud.

Llegará el día en que seamos conscientes de TODO lo que somos y que nuestra existencia se la debemos a esas personas que han reservado su cultura y su herencia. A aquellas que han mantenido vivos los antiguos rituales, sus historias, leyendas y mitos y que nos han enseñado a volver a vivir en armonía con la Naturaleza, con la Madre Tierra y la humanidad en sí misma. Este día no tardará en llegar y descubriremos así que este conocimiento es la clave para la supervivencia. Éstos serán los llamados Guerreros del Arco iris y lo que se puede conseguir a través de su enseñanza es lo que me impulsa a ser protectora de la cultura, la herencia y los conocimientos de mis antepasados. Una vez Ojos de Fuego hubo terminado, se retiró a su tienda, y todos los ancianos quedaron en silencio reflexionando sobre esas palabras que habían llegado a sus corazones. Cada uno de ellos pidieron al Gran Espíritu que iluminara a los Guerreros del Arco Iris, para que estos llegaran pronto y transmitieran su valioso conocimiento para el bien de la humanidad...

———

Las profecías, leyendas y mitos, son informaciones codificadas que nos llegan desde algún lugar. Desde tiempos inmemoriales, se ha descrito una especie de consciencia global que subyace a toda experiencia humana. El budismo la nombra como Alaya. También, el chamanismo de los pueblos nativos hace referencia a esta conciencia global como el Gran Espíritu. Actualmente, la física ha teorizado sobre el campo cuántico. Seguramente, en otras tradiciones también existen diferentes formas de describir lo que parece ser una "experiencia real" que trasciende y unifica lo conocido.

En este tiempo de investigaciones y aprendizajes, he podido tomar consciencia - por diferentes vías - de esa "experiencia" que Carl Jung llamó inconsciente colectivo, Ervin Laszlo *campo Akashico* y David. R. Hawkins define como la base de datos de la conciencia. Quizá sea ésta la procedencia y la vía de transmisión de leyendas y profecías, que se repiten en diferentes culturas y tiempos con simbolismos similares. Podemos encontrar algunos relatos sobre un tiempo de gran transformación en el que surgen seres conscientes que ayudan a armonizar la humanidad: en Tíbet (Guésar o los Guerreros de Shambala), en los indios Hoppi (el Retorno de Pahana) y en los Cree, (los Guerreros del Arcoíris...)

Una lectura, tranquila y reflexiva de estas visiones, puede ser inspiradora y aportar información para la asimilación y materialización de posibles acontecimientos trascendentales y necesarios para la re-evolución de la vida en el planeta. He querido compartir esta historia tan evocadora y, quizá, premonitoria, para contextualizar de forma simbólica algunos de los conceptos que desarrollo a continuación.

Los saltos cuánticos: experiencias personales que influyen a nivel colectivo

Utilizo el concepto salto cuántico como licencia dialéctica para definir un impulso instantáneo que permite acceder a otro nivel de percepción de la realidad y, con ella, a una serie de nuevas posibilidades. Ocurre en todos los ámbitos - personal, organizacional y social - como una parte del proceso natural que sigue la evolución, aunque no siempre somos capaces de leerlo y entenderlo adecuadamente cuando ocurre. Hay saltos de diferentes intensidades y efectos, los más potentes pueden transformar la realidad de toda una cultura o paradigma.

El proceso de creación de cualquier dispositivo electrónico puede servir para comprender mejor este proceso sistémico, veamos como ejemplo un Smartphone. Este está compuesto por una serie de piezas interconectadas que cumplen una determinada función. Las piezas por separado tienen el potencial de convertirse en un terminal telefónico, pero no lo son todavía. En el proceso de ensamblaje, si faltara una sola de las piezas necesarias el objetivo tampoco sería posible. Sólo cuando se ha ensamblado la última pieza, el Smartphone aparece. En ese preciso instante se produce un salto cuántico, las piezas crean y acceden, de forma simultánea y conjunta, a otra realidad que llamamos teléfono inteligente con unas funcionalidades que no tenían ninguno de los elementos que lo componen por separado.

Así pues, el salto cuántico es disruptivo, abre nuevas posibilidades que un instante antes no existían. Si bien, el potencial siempre estuvo presente, fue necesario crear las condiciones adecuadas para que se produjera el salto cuántico y el Smartphone apareciera con todas sus funciones disponibles. Esto mismo ocurre continuamente en nuestras vidas. Al tomar ciertas decisiones, accedemos a nuevas condiciones que nos llevan a vivir experiencias transformadoras. La suma de condiciones que creamos propicia saltos cuánticos de diferentes intensidades y efectos. Cuando se produce un salto cuántico, comienza a manifestarse un nuevo escenario. Vemos e interactuamos con la realidad desde otro lugar.

En este libro he recogido y descrito algunos de los saltos cuánticos más significativos de mi vida: dejar los estudios formales con trece años, conocer la meditación, encuentros con personas sabias, trabajar de cámara de TV, la Red Sostenible y Creativa... Todos ellos reconfiguraron completamente mi vida. Cuando se produce un salto cuántico personal, éste influye en todo el entorno y se produce un efecto de resonancia que desencadena otras condiciones, que transforman la realidad de una familia, organización o toda una cultura. Si bien, el camino se recorre a nivel individual, su influencia es imprevisible dado que todos los seres estamos interconectados a diferentes niveles. Por tanto, la transformación global depende y avanza con cada decisión coherente, de persona a persona.

Descubriendo e integrando nuevos paradigmas

Un paradigma es un determinado sistema de creencias y valores, un marco referencial co-creado que paradójicamente facilita y limita las posibilidades de aprendizaje y evolución de la sociedad que lo creó. Cada cultura cuenta con una cosmovisión propia sustentada, en última instancia, en un paradigma. Los paradigmas evolucionan de forma constante, tienen un origen, un desarrollo y una disolución o transformación.

En el caso de la cultura occidental actual, la exaltación de la razón ha llevado a convertir ciertos supuestos científicos en dogmas de fe incuestionables. Afortunadamente, con el tiempo, muchas de esas falsas creencias se han visto refutadas. Por ejemplo, la tierra primero era plana, luego redonda y ahora tiene la forma de un elipsoide oblato. La medicina es un caso paradigmático en este sentido. Durante décadas, se realizaron electroshocks, se aplicaron sanguijuelas y practicaron lobotomías, se sostuvo que la homosexualidad era una enfermedad y la masturbación producía ceguera y un sin fin de enfermedades que identificó y difundió con ahínco el médico suizo Samuel-Auguste Tissot en el siglo XVIII. Más recientemente, se extirparon millones de amígdalas a niños, se aceptaron y prescribieron fármacos como la *Talidomida* causante de mutilaciones en miles de personas en todo el mundo. El mismo Albert Einstein consideró durante mucho tiempo que el universo era estático, llegando a introducir esta visión como *constante cosmológica* en sus ecuaciones. Más tarde, Edwin Hubble demostró que el universo se expande de forma constante. Einstein tuvo que reconocer públicamente que su teoría estaba equivocada, gracias a lo cual dejó de ser una verdad incuestionable. Más recientemente, la física cuántica ha trascendido muchas de las viejas teorías mecanicistas y lineales, como son la Teoría de la evolución de Darwin o la lógica cartesiana. Si bien, todas tienen parte de verdad, hoy por hoy, resulta evidente que no son La Verdad.

Está lógica cartesiana y mecanicista, concibe al ser humano como una máquina y pretende demostrar empíricamente los fenómenos intangibles. Todo aquello que no se puede medir o demostrar en tercera persona se relega o niega directamente. Ésta es parte de la lógica que subyace al paradigma dominante. Quizá, las evidentes y, cada vez, más frecuentes limitaciones de la razón llevada al extremo sean los síntomas de que este paradigma llega a su fin para dar origen a un nuevo sistema de creencias y valores más armónico, integrando, de esta manera, los aprendizajes de los paradigmas precedentes.

Para poder re-evolucionar, es necesario que las viejas estructuras y creencias se disuelvan dejando espacio para que lo nuevo pueda manifestarse. Podemos observar cómo se producen acontecimientos que facilitan la emergencia de lo nuevo y otros que destruyen las partes que no pueden evolucionar de lo viejo. Son las dos reb/veldias en acción de forma sincrónica.

Desde un punto de vista personal y social, se están produciendo circunstancias disruptivas que propician saltos cuánticos colectivos como, por ejemplo: la llegada de Internet, la expansión de la práctica de diferentes formas de meditación o las explosiones sociales del mayo del 68 y de las primaveras del 2011. Ciertos acontecimientos políticos que se están produciendo últimamente a nivel global, pueden ser leídos como síntomas de la disolución de las viejas estructuras para facilitar la emergencia, en un futuro próximo, de nuevas formas de gobierno más conscientes.

Es importante entender que el salto cuántico no es positivo ni negativo, simplemente ocurre e influye de forma decisiva en la posterior evolución de los hechos porque es esencialmente disruptivo. Tiene el efecto de situarnos en otra realidad. Lo que luego hagamos con esa realidad dependerá de nosotros.

Cuando adoptamos una posición conservadora y resistente al cambio, lo percibimos como un *"Cisne Negro"*. Es decir, un suceso incomprensible e incluso dramático, que ocurre por azar o bajo ciertas influencias ideológicas difíciles de comprender y asumir, poniendo en riesgo nuestra zona de confort. La reacción más habitual, en estos casos, es proyectar el miedo y la frustración, culpando y demonizando a alguien o algún colectivo bajo diversas etiquetas dependiendo de la orientación ideológica. En realidad, son los primeros pasos de la nueva lógica disruptiva manifestándose de diversas formas, unas como disolución otras como creatividad.

Dentro de la lógica interna de un paradigma, se producen transformaciones evolutivas de carácter coyuntural. Suelen ser épocas de cambios, incluso drásticos, que se producen de forma continua, con mayor o menor intensidad, pero que no producen una transformación esencial en la realidad.

Por ejemplo, desde mi punto de vista, desde el siglo XIX hasta el siglo XXI, se produjeron transformaciones coyunturales dentro de un mismo ciclo. El gran salto cuántico sistémico se había producido antes, concretamente en el siglo XVIII, con la disolución del antiguo régimen que desencadenaría la emergencia del paradigma cientificista de la razón y lo tangible. Ciertamente necesario en su momento para poner orden en un mundo dominado por el poder absoluto, las supersticiones y las falsas creencias. Sin embargo, hay otras transformaciones estructurales y re-evolutivas que marcan el fin de un determinado sistema de creencias y valores para dar origen a uno nuevo. Son acontecimientos que abren nuevos caminos y facilitan la llegada de comprensiones, hasta el momento inaccesibles, que influyen profundamente en la base del antiguo paradigma, ampliando la visión y trascendiendo sus límites.

Esto está ocurriendo, actualmente, en todas las áreas de la sociedad: la economía, la salud, la educación, la física, la espiritualidad. Sólo es necesario tener un cierto compromiso con la Reveldía Creativa para ampliar la visión y reconocer las diferentes metodologías o descubrimientos que se están produciendo en este sentido en cada área, y así, poder leer adecuadamente el proceso.

A nivel personal, los saltos cuánticos se experimentan en primera persona, no son demostrables en tercera persona. Es decir, podemos contarlo a otras personas, pero nuestro interlocutor nunca podrá experimentar lo que nosotros hemos vivido. Tendrá su propia experiencia que seguro será única e intransferible. Aunque, paradójicamente influirá en su entorno y por resonancia en el resto de la sociedad.

Comprendiendo la transición de paradigmas a través de la historia

En la historia conocida ha habido muchas transformaciones de diferentes magnitudes y velocidades. Algunas de ellas son saltos cuánticos espectaculares que crearon nuevos paradigmas: el descubrimiento del fuego o la agricultura en la antigüedad, el nacimiento de culturas dominantes en diferentes épocas o zonas del planeta. Vamos a situarnos en la última gran transición para entender mejor la que estamos viviendo.

El antiguo régimen estuvo dominado por los dogmas religiosos y el poder vertical, aparentemente absoluto, de los estamentos dirigentes. Los abusos de autoridad estaban legitimados y el Señor feudal podía juzgar, sentenciar a muerte y ejecutar a las personas sin garantías. En este contexto de dominio, casi absoluto, surgieron impulsos de Reveldía Creativa y, progresivamente, en un periodo de tiempo relativamente corto, el paradigma comenzó a transformarse. Los siervos comenzaron a circular de una forma más libre, surgió el comercio y las primeras empresas. Las viejas leyes perdieron su influencia y se abrió paso una nueva realidad. Llegó la revolución industrial y, con ella, nuevas formas de energía, de economía, de sanidad, de ciencia, de política...

En esta nueva realidad tomaron protagonismo los ilustrados, una serie de personas con una percepción de la realidad más amplia, que contribuyeron a facilitar y consolidar el proceso de transición actuando, influyendo en todos los estratos de la sociedad. Actualmente, sucede lo mismo con las personas más "conectadas" que van facilitando la expansión de esta re-evolución silenciosa en la que estamos inmersos.

Aión y Kairós transforman las realidades cronológicas

Aión es el no-tiempo que contiene el tiempo y las ilimitadas posibilidades de crear formas y realidades. En la antigüedad, los griegos vivieron y asimilaron la experiencia de salto cuántico dándole un lugar en su mitología a través del dios Kairós. Relacionado con la inspiración y la intuición, alude a una experiencia disruptiva del tiempo que transforma la linealidad cronológica. Debido a que la percepción más habitual que tenemos del tiempo es lineal, relacionamos la evolución con la cronología. Ello nos lleva a tener la visión errónea de que nuestras vidas, así como nuestra evolución personal y social, son lineales y progresivas.

Si bien es cierto que la evolución se desarrolla de forma gradual, desde mi punto de vista más que lineal es circular y en espiral ascendente o descendente. ¿Cuántas veces vivimos un suceso que nos recuerda a otro que vivimos hace tiempo o tenemos la sensación de atravesar ciclos que se repiten en escenarios distintos pero que, en esencia, son los mismos?

Aunque la evolución es en parte gradual, lo que nos sitúa en otra realidad son los instantes o acontecimientos no previstos y disruptivos. Es como si fuéramos por una vía y, de repente, apareciésemos en otra de forma imprevista. Puede parecer ciencia ficción, pero ocurre continuamente con mayor o menor intensidad y de forma sorpresiva. Estos saltos son fruto de una serie de condiciones previas cuyas consecuencias no somos capaces de entender, ni prever.

Estamos acostumbrados a tratar de controlar la vida de forma cronológica, sin embargo, las verdaderas transformaciones ocurren con otras "lógicas", más conectadas con Kairós o Aión, aunque se expresen cronológicamente. Desde esta visión amplia del tiempo y la creación, que desarrollo más adelante, las posibilidades de manifestar nuevas realidades siempre están presentes.

———

Lo esencial no es ni viejo ni nuevo

Existe una percepción de la realidad profunda, que podríamos llamar Aión-lógica, que subyace a todas las polarizaciones y proyecciones. Seguramente, la intuimos y anhelamos, pero hasta que no soltamos los apegos y transcendemos los miedos que nos mantienen atrapados en la percepción dualista y cronológica de la realidad, no podemos experimentarla plenamente. Son dos los errores de enfoque, bastante comunes y difíciles de detectar, que limitan y distorsionan nuestra visión.

El primero de ellos consiste en interpretar la nueva realidad desde un apego inconsciente a lo que fue, determinando lo que debería ser. Lo que hace crecer en nosotros el miedo y la inseguridad. En este caso, vivimos la necesaria e inevitable tendencia al caos inherente al proceso de disolución de las viejas estructuras como un ataque personal que nos afecta a nivel interno y social. Surgen en nosotros emociones - miedo, violencia, ignorancia - que distorsionan la realidad y nos impelen a proteger y mantener la vieja realidad conocida, pero nos frustramos cuando comprobamos que ya no es posible. Entonces, justificamos la lucha, de una u otra forma, para mantener los aparentes privilegios que nos mantienen atrapados en ilusorias y limitantes zonas de confort. El segundo error tiene que ver con percibir lo nuevo desde el rechazo a lo viejo. Así, entramos en una realidad "alternativa" más o menos idealizada, sin la suficiente

---

comprensión y presencia. Lo viejo se demoniza y se proyecta como rechazo. Sin darnos cuenta, acabamos en posesión de la verdad, juzgando de forma inflexible lo que es bueno y luchando por imponer nuestra visión. Así, dedicamos nuestro tiempo y energía a huir de la vieja realidad, creando falsas burbujas aparentemente paradisíacas: drogas, amantes, nuevas propuestas políticas o espirituales, a las que entregamos nuestro poder personal creyendo que van a resolver todos nuestros problemas. En realidad, se trata de huidas hacia paraísos imaginarios y, por tanto, irreales. Son simples proyecciones idealizadas, aunque cuando las vivimos parecen reales y cuesta reconocer su futilidad. Tanto en el primero como en el segundo error, en vez de comprometernos en formar parte de su transformación desde nuestro nivel de empoderamiento, acabamos justificando un esfuerzo y lucha agotadores para mantener o huir de la realidad.

En ambas percepciones, aparentemente diferentes y sin embargo coincidentes, lo viejo y lo nuevo se ven como dos realidades separadas y antagónicas. De esta forma, perdemos contacto con la vida y llegamos a creer que nuestra felicidad depende de mantener a toda costa la zona de confort, una idea nostálgica o un nuevo futuro idealizado. Nos olvidamos de lo que sucede en el momento presente, dejamos de poner el foco en las decisiones transformadoras y viables que podemos tomar hoy si nos comprometemos con la vida y escuchamos a nuestra intuición. La polarización y la lucha entre paradigmas aparentemente contrapuestos es simplemente una visión limitada y distorsionada del proceso, que consume nuestra energía. Lo necesario y deseable es una transformación en la que lo esencial y lo válido de lo viejo se integra en lo nuevo, impulsando su emergencia y trascendiendo límites.

El paradigma de la razón fue fruto de la evolución del paradigma anterior, trayéndonos consigo una profunda experiencia y comprensión de lo tangible, el desarrollo del conocimiento científico y el avance de la tecnología hasta niveles impredecibles. También, ciertas libertades nada comunes en épocas históricas precedentes. Actualmente, están sucediendo infinidad de saltos cuánticos personales y sociales asociados a procesos disruptivos que empiezan a definir las claves de un nuevo paradigma que integra y trasciende los anteriores, accediendo a comprensiones más profundas que transforman la realidad.

Agradecer lo vivido es la llave para acceder a otro nivel de percepción, porque, cuando agradecemos algo sinceramente, nos liberamos de cargas pendientes y obtenemos la fluidez necesaria para discernir y avanzar con ligereza. Cuando somos capaces de agradecer, integramos y nos preparamos para trascender.

———

Una imagen metafórica que ayuda a ilustrar lo que digo es la Matrioshka. Es decir, un viejo paradigma con sus límites formales es la base y el contenido inicial del nuevo. El bagaje y conocimientos acumulados producen aperturas de consciencia para que una nueva muñeca más grande comience a tomar forma. Actualmente, nos encontramos ante una transición sistémica hacia otro paradigma. Nos estamos posicionando a nivel individual, organizacional y social en un nuevo escenario global que nadie puede controlar. La transformación es irreversible. Si seguimos haciendo las cosas como siempre las hemos hecho, cada vez necesitaremos más esfuerzo para conseguir menores resultados. El sentido que tome el salto a escala global, hacia lo creativo o destructivo, dependerá de los compromisos individuales y su influencia en lo social.

Esto queda reflejado en la famosa frase de Gandhi: "Sé el cambio que quieres ver en el mundo". La cultura occidental no puede quedarse anclada en la vieja y pequeña muñeca rusa de la exaltación disármonica de lo tangible. Este aprendizaje ha llegado a sus límites y necesita transformarse. Lo que está en juego es el nivel de sufrimiento que vamos a experimentar. En nuestras manos está elegir crear condiciones hacia una transformación creativa que nos lleve a configurar un nuevo paradigma con mayores posibilidades de crecimiento para los seres humanos y más respeto a la vida.

———

Los Creativ@s Culturales pueden ser la confirmación de la profecía

En 2010, escuché hablar por primera vez de los Creativos Culturales y conocí diversas profecías, como la de "Los guerreros del Arco Iris" de la mano de mi buen amigo Antonio Cutanda, "Grian", psicólogo educativo y escritor, entre otras labores.

Desde entonces, he seguido investigando y asimilando este inspirador hallazgo que ahora comparto. Desde esta visión, se está produciendo, en la actualidad, una transición sistémica liderada por personas conscientes, guiadas por la intuición, conectadas con su Don, e impulsadas por la Reveldía Creativa.

Su número e influencia social está creciendo, a un ritmo nunca conocido, constituyendo un nuevo subgrupo sociológico tal y como demuestra un estudio desarrollado en las últimas décadas. Así lo describe la Wikipedia:

«*The Cultural Creatives*», son un vasto grupo sociocultural *que se encontraría en la vanguardia del cambio social, introducido como concepto sociocultural y caracterizado por el sociólogo Paul Ray y por la psicóloga Sherry Ruth Anderson, ambos estadounidenses. Esta expresión agrupa a seres humanos que tienen en común querer adoptar una visión «global» e «integral» del mundo, así como explicitar la necesidad de impulsar una serie de valores.*

———

En el año 2000, se publicó en Estados Unidos *"The Cultural Creatives"*, un libro que recogía los estudios realizados por el sociólogo Paul H. Ray y la psicóloga Sherry Ruth Anderson. Ray era vicepresidente de una importante empresa de estudios de mercado y opinión llamada American LIVES, Inc. En sus investigaciones sobre valores y estilos de vida de la sociedad norteamericana, estudios que se remontan a 1987, Paul fue tomando conciencia de que «mes tras mes, año tras año, una nueva e importante subcultura estaba emergiendo y creciendo».

Algunas estimaciones señalan que los creativos culturales representaban menos del 4 % de la población norteamericana antes de los años 60, mientras que en 1999 rondaban el 26 % de la población adulta (cincuenta millones de personas). Tras el primer estudio realizado por Paul Ray y Sherry Anderson, se constituyó un grupo internacional de investigación, patrocinado por del Club de Budapest y dirigido por el filósofo húngaro Ervin Laszlo, para realizar estudios con similar orientación en otros países - Francia, Alemania, Hungría, Países Bajos, Noruega, Italia o Japón, entre otros-.

En 2008, el sociólogo Paul Ray realizó un nuevo sondeo, de ámbito nacional, en Estados Unidos con el objetivo de actualizar los datos referentes a los creativos culturales. Los resultados de este último estudio indican que ese grupo emergente constituye el 34,9% de la población norteamericana adulta en el 2008. Es decir, ¡Unos ochenta millones de personas! Por otra parte, los estudios antes citados indican que los creativos culturales oscilan entre 33% y 37% de la población adulta de Europa Occidental y de Japón respectivamente.

Ejercicio: ¿Cómo saber si eres Creativ@ Cultural?

A continuación, propongo un sencillo ejercicio para observar si resuenan en nosotros las principales características de estos agentes de la transformación.

Se trata de un simple cuestionario, inspirado en The Cultural Creatives, el libro de Paul Ray y Sherry R. Anderson. En él, recojo y enumero algunas de las principales características que este estudio atribuye a los Cultural Creatives.

Lee detenidamente cada una de las afirmaciones y valora si estás de acuerdo. Si estás de acuerdo con 10 o más, probablemente formes parte de este subgrupo social. Una puntuación más elevada confirma tu afinidad con los Creativos Culturales.

- Amas la naturaleza, sientes preocupación por su destrucción y estás dispuesto/a a actuar en su favor, en la medida de tus posibilidades.
- Eres consciente de los problemas del planeta, calentamiento global, destrucción de los bosques, superpoblación, falta de sostenibilidad,

explotación de personas en los países pobres...- y quieres ver más acciones que mejoren realmente estos temas.

- Estarías dispuesto/a a pagar más impuestos o un precio mayor por los bienes de consumo si supieras que este dinero se dedica a mejorar las condiciones sociales y medioambientales de tu entorno.
- Valoras la importancia del desarrollo y mantenimiento de tus relaciones personales.
- Te cuesta comprometerte con grupos o asociaciones con marcos ideológicos demasiado definidos.
- Te involucras en ayudar a otras personas, especialmente a despertar sus talentos y dones.
- Eres voluntario/a en una o más buenas causas.
- Valoras tu empoderamiento como uno de los propósitos principales en tu vida.
- Tienes en cuenta tu intuición a la hora de tomar decisiones.
- Te interesas tanto por tu desarrollo psicológico como espiritual.
- Te gustaría que hubiera más armonía e igualdad de oportunidades entre hombres y mujeres, en todas las áreas de la sociedad.
- Apoyarías políticas de inclusión y protección de los más desfavorecidos, aún a costa de algún privilegio tuyo.

_____

- Te sientes preocupado/a por la violencia en el mundo.
- Quieres que los políticos y los gastos de Estado pongan más énfasis en la creación de un futuro social y ecológicamente sostenible.
- No te sientes identificado/a con la dicotomía ideológica entre izquierda y derecha.
- Tiendes a ser optimista respecto al futuro y desconfías de los puntos de vista que se dan en los medios de comunicación.
- Te gustaría implicarte en la creación de una forma de vida nueva basada en valores universales.
- Te preocupa lo que están haciendo las grandes empresas multinacionales para maximizar beneficios: reducción plantilla, impacto medioambiental y explotación a los países pobres. Y lo tienes en cuenta a la hora de consumir.
- Tratas de tener tu economía y tus gastos bajo control.
- Detectas la sobrevaloración que la cultura moderna otorga al éxito material, al consumismo y a los bienes de lujo.
- Te gusta viajar, conocer gentes y lugares exóticos, experimentar y descubrir otras formas de vida.

Si has llegado hasta aquí estoy convencido de que habrás obtenido una puntuación de 10 o superior. Quizás te hayan parecido afirmaciones obvias, pero, aunque parezca mentira, el mundo en el que vivimos no es coherente con estas simples y evidentes afirmaciones.

Si analizas y reflexionas un momento, verás que su aceptación y puesta en práctica supone un profundo cambio de paradigma. La diferencia entre lo que sentimos y cómo se expresa en la realidad marca la diferencia entre paradigmas. Los Creativos Culturales son uno de los subgrupos sociales más activos e influyentes en el proceso de transformación que estamos viviendo. Evidentemente son Reveldes Creativos en acción y, quizá, una versión sociológica y actualizada de lo que en su visión Ojos de fuego definió como Guerreros del Arco Iris.

Son personas que han hecho un proceso de toma de consciencia individual, que eligen la transformación coherente como camino y crean con sus decisiones una nueva sociedad. Son personas conectadas con la naturaleza, con una visión holística del mundo y un especial interés por los valores humanos. Entienden que la espiritualidad trasciende las religiones. Ya no se sienten cómodas con ninguna opción política actual.

La buena noticia es que *el* estudio *sociológico de Paul Ray y Sherry R. Anderson* demuestra con datos obtenidos de forma científica, que hay una masa crítica en la sociedad occidental que ronda el 35%, creando condiciones para que la transformación nos lleve hacia un nuevo paradigma más próspero y humano.

6. Manifestación de formas, neurosis… y transidentidad

Desde mi punto de vista la *"neurosis* del apego a la forma" es una experiencia personal y colectiva de aferramiento a los fenómenos que tienen una forma definida. Desde esta visión distorsionada, vivimos como si fuera una verdad definitiva algo que, en realidad, es temporal y limitado.

La mitología griega relaciona esta experiencia con una fábula que describe la tiranía y crueldad de Cronos con sus hijos. Para impedir que lo transciendan y conecten, así, con las realidades más profundas de Kairós y Aión, Cronos los devora sin piedad.

Hay un potencial ilimitado en todo aquello que fue, puede llegar a ser o será. Esta realidad subyace y trasciende las formas que se expresan en el tiempo cronológico. A modo de ilustración, propongo un ejemplo cotidiano: la mantequilla. A pesar de que siempre formó parte de la leche, no fue descubierta hasta que alguien, de manera intuitiva o casual, batiendo leche consiguió manifestarla. Cuando las causas y condiciones previas se dan, comienza la manifestación de una nueva forma, hasta entonces subyacente. Ya sean personas, pensamientos, empresas, ideologías, inventos, culturas, emociones o paradigmas.

La nueva forma aparece relacionada con la inspiración, la disrupción, la innovación... es la expresión de Kairós (creatividad), cuya misión es conectar Aión (el potencial ilimitado) y Cronos (la materialización). Una vez manifestada, la nueva forma se ve condicionada por el tiempo y otras circunstancias. Evoluciona y se transforma, creando nuevas formas, en un proceso sin fin que depende de infinitas causas y condiciones. Si bien, como forma concreta es temporal, su manifestación es parte de un proceso de transformación continua.

Por ejemplo, si tomamos como referencia una página de este libro y nos preguntamos qué vemos, nuestra respuesta inmediata apuntará a los aspectos más tangibles y visibles: letras, palabras, papel... Pero, si profundizamos un poco, nos daremos cuenta de que esta simple hoja de papel contiene, entre muchas otras cosas, árboles y sol.

El sol forma parte de esta hoja de papel porque es una de las condiciones previas que permitieron su manifestación. Así pues, el sol, como tal, está contenido en su forma actual, una hoja de papel. De igual manera, se han necesitado un número infinito de condiciones para que tengamos este libro en nuestras manos: un planeta con condiciones para la vida, árboles, ideas, investigaciones, inventos como la imprenta, un idioma, letras y palabras, personas creativas... Más allá del papel que ahora vemos en forma de libro, el proceso seguirá transformándose ilimitadamente. El libro, en sí mismo, es una forma relativa, una concreción temporal en Cronos y, como tal, un día desaparecerá totalmente. Ninguna forma es definitiva. El Sol nació en su momento y, con su impulso, creó condiciones para que apareciera el sistema solar y la vida en el planeta Tierra - árboles, seres humanos, papel y libros...-. Pero, el Sol sigue su evolución, hasta que un día deje de existir y con él todas las formas co-dependientes que generó.

La existencia de un potencial ilimitado de creación es la primera condición para la manifestación de una forma impermanente. Lo único que permanece es la transformación continua y el potencial ilimitado de creación. Una de las distorsiones más habituales de nuestra experiencia en Cronos es el apego a las formas que nos hace verlas como definitivas y separadas de sus condiciones. Creemos que lo que percibimos con nuestros sentidos es la realidad absoluta. Siguiendo con el ejemplo de este libro, el apego nos hace ver esta hoja simplemente como papel, porque nos limitamos a relacionarnos con su forma concreta. De esta manera, perdemos la visión de proceso y, por tanto, las infinitas posibilidades que contiene en potencial. El papel está ahí porque hubo alguien que intuyó la posibilidad de crearlo cuando aún no existía. Esta inspiración impulsó su manifestación. Así pues, también podemos participar creativamente en su evolución si lo observamos con una mirada amplia. Afortunadamente, la propia naturaleza dinámica de Cronos frustra nuestro intento de solidificar las formas. Aunque nos causa sufrimiento, el sino de Cronos es devorarlas y esto es un aprendizaje necesario.

En el caso de formas más sutiles, como son las teorías o ideologías, resulta más difícil de detectar el apego. La polarización facilita la identificación con determinada posición creando falsas identidades. La pérdida de ecuanimidad nos lleva a tomar partido sin consciencia. Guiados por emociones desempoderadoras, interpretamos, juzgamos y limitamos la percepción de la experiencia.

Existe una tendencia a formular marcos ideológicos cerrados porque nos resulta más fácil creer en ellos al conocer sus límites. En realidad, se trata de una falsa ilusión, porque esos marcos son también procesos en transformación. Cualquier definición concreta es temporal y limitada, aunque nos parezca definitiva. Simplemente hemos perdido la perspectiva y percibimos una verdad limitada, como absoluta.

Desde mi punto de vista, este error de percepción es, en gran parte, responsable de un gran sufrimiento en las personas y en la sociedad. Cuando creemos que la Verdad reside en cierta orientación política o religiosa, ya no hay otra verdad posible. Se trata de un mecanismo mental de autoengaño identitario que condiciona nuestras decisiones y la vida. Esas identidades se manejan desde la ignorancia y se imponen a la sociedad mediante leyes y otros mecanismos de control.

La expresión más burda de este autoengaño es el fanatismo. Algunas personas o grupos toman ciertas creencias como absolutas, se identifican con ellas y necesitan defenderlas e incluso imponerlas a los demás si es posible, llegando a justificar acciones inaceptables. En la dimensión cronológica del tiempo, las identidades son necesarias, sobre todo a nivel operativo. El problema es la falta de visión que generan cuando nos identificamos con ellas. Si embargo, cuando empezamos a interactuar con un menor apego, entramos en una percepción transidentitaria de la vida. Y, cuando esto ocurre, naturalmente se produce una liberación profundamente transformadora. Es importante observar cómo los procesos dan lugar a las formas y cómo interactuamos con ellas. Para situar cada cosa en su lugar: los procesos son continuos, ilimitados, creativos...; las formas, temporales, limitadas, funcionales.

———

Como diría mi amigo Carlos González, hasta ahora hemos vivido mayoritariamente, tanto a nivel personal como social, desde el aferramiento a las identidades y la dependencia de las autoridades que las sostienen.

Cuando una identidad ya no cumple con nuestras expectativas, buscamos otra forma o autoridad con la que identificarnos. Sin darnos cuenta, perdemos el poder personal y permanecemos en el autoengaño. Así, continuamos retroalimentando la neurosis desde otro lugar.

Algunas consecuencias personales y sociales de esta neurosis

Como hemos visto en el capítulo V, el paradigma actual se caracteriza por una sobrevaloración de la razón y de lo tangible. Ello nos ha permitido explorar desde los confines del universo hasta las partículas subatómicas para acabar descubriendo con asombro la dimensión intangible del infinito o aquello que subyace al, hipotético y aún cuestionado, Bosón de Higgs. Mas allá de los limites conocidos, llegamos a lo intangible, a una Realidad que contiene e interactúa con todas las formas.

Desde 2011, vengo facilitando formaciones en diferentes lugares. En todas ellas me gusta empezar realizando tres simples preguntas. La primera es: ¿Qué es lo que más anhelas en tu vida? Tras un tiempo de silencio grupal, las respuestas van llegando - paz, felicidad, amor, alegría, sabiduría...-, curiosamente, nunca nadie ha contestado: consumir más o tener más cosas.

Entonces, aprovecho para hacer la siguiente pregunta: ¿Cómo se mide todo eso que me habéis dicho? ¿Cuál es su unidad de medida? ¿Tiene color, forma...? De nuevo se hace el silencio. ¡Aquello que más anhelamos no es tangible! La siguiente pregunta es: entonces ¿Por qué destinamos nuestro tiempo y dinero a desarrollar lo que no nos aporta lo que anhelamos?

Son preguntas sencillas que ayudan a darnos cuenta de cómo nuestra sociedad prioriza los aspectos cuantitativos, infravalorado los cualitativos, o lo que es lo mismo, prima la cantidad frente a la calidad. Una peligrosa contradicción existencial con consecuencias directas en la vida de las personas. La orientación neurótica hacia lo tangible dificulta el desarrollo de los intangibles, ampliando la disarmonía personal y social en un constante círculo vicioso que, afortunadamente, estamos comenzando a trascender. Desde la infancia, nos vemos condicionados hacia esta visión.

Los estudios, por ejemplo, están orientados a conseguir una "salida profesional" que nos proporcione dinero y tiempo libre para consumir más. Más comida desnaturalizada, más moda barata y desechable a costa del sufrimiento de las personas que la fabrican, más aparatos con obsolescencia programada que consumen recursos naturales sin control, más ocio superficial... Esta economía crea puestos de trabajo, precarios y sin sentido, que dejan poco margen de maniobra a la toma de decisiones conscientes.

Llenamos nuestras existencias de una actividad frenética y vacía que aumenta nuestras carencias impidiéndonos armonizar nuestra vida con lo que verdaderamente anhelamos. Como un burro persiguiendo una zanahoria atada a la frente, la felicidad se sitúa en un futuro aparentemente cercano y, sin embargo, inalcanzable. Hasta nuestra pareja la escogemos, de forma más o menos inconsciente, por sus aspectos tangibles: sus ingresos, sus posesiones, su edad, forma física... ¿Y sus valores y su propósito vital?

En el ámbito de la política, podemos observar cómo esta neurosis conduce a una polarización que genera violencia entre identidades colectivas contrapuestas como en el caso de los partidos políticos, que crean una lucha interminable por conseguir más votos, presupuestos más grandes, más influencia. Violencia que se reproduce también en su interior con batallas continuas por el control. Se trata de una manera poco evolucionada de organización con un alto grado de toxicidad, que difícilmente puede aportar valor y creatividad a la sociedad. En la mayoría de las empresas, la maximización de beneficios económicos es la clave fundamental, más o menos explícita. Conseguir los mejores resultados tangibles son los únicos o principales indicadores del éxito. Beneficios sin más para crecer ilimitadamente a costa de las personas y el medio ambiente. Igualmente, la mayoría de las universidades, dirigidas por viejas estructuras y autoridades impuestas por los poderes dominantes, siguen formando a personas para un mundo competitivo y codicioso que ya no tiene futuro.

Las redes sociales constituyen otro ejemplo claro. La influencia se mide por la cantidad de "amigos" degradando, así, una experiencia tan profunda como la amistad a un aspecto cuantitativo y superficial. Hay todo un mercado de compra y venta de amigos. Robots que falsean datos reales para conseguir más seguidores con la intención de convertirlos en consumidores compulsivos de productos o servicios...

Un tema que me tiene personalmente interesado es el de la mensajería instantánea y "gratuita". Es cierto que, en la mayoría de los casos, no pagamos por obtener la aplicación, ni siquiera por utilizarla, pero la gratuidad es sólo aparente. Pagamos con nuestro tiempo que es más valioso que el dinero y las bases de datos que generan este tipo de aplicaciones con nuestra información personal e íntima obtienen un buen precio en el mercado para continuar manipulándonos. Otro tema de radiante actualidad es la mal llamada posverdad. Una mentira que cuando se repite suficientemente, gracias a las tecnologías de comunicación actuales y a la falta de discernimiento de muchos usuarios, se convierte en "verdad" para distorsionar la realidad incidiendo en la opinión pública e influyendo en decisiones políticas, económicas y en otras aéreas de la sociedad.

La posverdad genera anualmente millones de beneficios a ciertas organizaciones con intereses más que dudosos para satisfacer ambiciones de personajes siniestros. Esta neurosis afecta también a los países y los indicadores macroeconómicos a nivel global, que dibujan escenarios condicionados por los lobbies de las grandes corporaciones e instituciones de inversión, sin tener en cuenta la vida de las personas. Todo esto es la punta del iceberg de las consecuencias del apego y la sobrevaloración de lo concreto y su influencia en las personas y en la sociedad.

La manipulación a través de la competitividad y la maximización de beneficios

Es importante ir descubriendo y desactivando los programas que contaminan las decisiones personales en todos los ámbitos, especialmente políticos y económicos, condicionando a toda la sociedad. La competitividad y la maximización de beneficios son dos de los más peligrosos. Actualmente, las vías para la generación de recursos están dominadas por la codicia y la violencia. Ocultas tras eufemismos como la maximización de beneficios y la competitividad, estas emociones se retroalimentan y potencian otras ocasionando un gran sufrimiento a toda humanidad - orgullo de quien cree merecer lo que consigue a costa del sufrimiento de los demás, envidia de quienes no lo pueden conseguir y mucha ignorancia existencial-.

Desde mi punto de vista, son síntomas evidentes de una enfermedad que nos aparta de la prosperidad y que tiene su origen en las partes más sombrías y densas de nuestra especie. Todos somos corresponsables y víctimas de esta dinámica de baja frecuencia que hemos permitido y seguimos alimentando por acción u omisión. Muchas empresas priorizan la maximización beneficios por encima de las personas y del planeta, ratificando el axioma: el fin justifica los medios. La competitividad parte del supuesto de la escasez y nos conduce a la ley de la selva. El que gana es el que más derechos tiene, mientras que el más débil debe generar estrategias de sumisión o sucumbir. Para ser competitivo: se reducen los costes y, por tanto, los beneficios de los proveedores y clientes; se genera más productividad a costa de las condiciones laborales; se aumentan las ventas con obsolescencia programada; se deslocalizan empresas; se imponen condiciones injustas y disarmónicas en las negociaciones.

Se trata de un enfoque muy poco evolucionado que crea y perpetúa la violencia estructural ejercida a través de leyes y normativas injustas que benefician a las élites imponiéndose al resto de la sociedad. Desde esa violencia, creamos un mundo de lucha, de guerras y desigualdades, un mundo de sufrimiento, de codazos, de velocidad, de estrés. Cada vez, los objetivos son más difíciles de conseguir y más capas de población y países van quedando excluidos de los niveles mínimos de dignidad. La competitividad y la codicia suponen una gran pérdida de energía que dificulta la generación de sinergias creativas y una desconexión de la prosperidad. Pero...¿Cómo se concretan en la práctica? Aunque la lista de indicadores sería interminable, voy a compartir tres datos clarificadores de esta espiral perversa:

1. Según el estudio *The Global Wealth Report 2016 – Credit Suiss*, el 1% de la población tiene más recursos que el resto del mundo juntos. El tema tiene consecuencias fáciles de prever sin necesidad de ser economista, si se analiza la evolución de las últimas décadas y se hace una proyección de esta tendencia a varios años.

2. Según datos del *IIE-UNAM*, la economía especulativa supera en 1.000% a la economía real, en más de 125 veces el dinero en metálico y es 10 veces mayor que el PIB mundial. Este dato indica

claramente: que la economía mundial está dirigida desde la especulación y que la mayor parte de las transacciones que se realizan actualmente no son reales, sólo son números y datos virtuales introducidos en ordenadores y manejados para seguir generando desigualdad y acumulando sin límites.

3. Según el Instituto Internacional de Finanzas, el volumen de deuda global del planeta alcanzó los 190 billones de euros en 2017, una cifra equivalente al 327% del PIB mundial. Es decir, que el mundo se debe a sí mismo esa cantidad impagable e irreal que se utiliza para condicionar políticas y controlar países.

La acumulación es el efecto de la codicia y produce violencia a todos los niveles, reduciendo las posibilidades de supervivencia de la humanidad en su conjunto. Los paraísos fiscales, los grandes fondos de inversión, las instituciones económicas globales y otros mecanismos de manipulación especulativa son consecuencia y, a la vez, están condicionados por esta neurosis. La desigualdad entre los acumuladores y los demás, crece día tras día, y con ella nos vamos acercando a escenarios de colapso global de ese modelo, con consecuencias impredecibles. Analizando y reflexionando sobre estos contundentes datos, entendemos con más claridad el efecto social de la disarmonía que produce esta neurosis. Son las consecuencias de un paradigma agotado que ha erigido a la codicia y la violencia como sus valores prioritarios, poniendo en riesgo la sostenibilidad de sociedad actual y de la vida en el planeta. Como hemos visto, hay una contradicción entre lo que anhelamos profundamente y lo que hacemos. Esa incoherencia es una peligrosa enfermedad que se transmite a través de las instituciones y las organizaciones a las personas, condicionando su vida y la del planeta hasta límites nunca alcanzados. Paradójicamente, aunque anhelamos armonía, dedicamos, sin embargo, nuestra energía y tiempo a poseer y consumir de manera más o menos compulsiva, aumentando la disarmonía. Una obsesión enfermiza que crea desequilibrios y falta de coherencia, profundizando en una contradicción existencial insostenible y potencialmente destructiva.

La manera más efectiva de transformar esta confusión y sus consecuencias comienza en cada uno de nosotros. Primero, tomamos conciencia de lo que está sucediendo y, a continuación, nos comprometemos en la co-creación de otras realidades más armónicas y coherentes. La suma de las decisiones personales acaba generando masa crítica e influyendo positivamente en el inconsciente colectivo desde donde es posible materializar un nuevo paradigma más coherente y armónico.

7. Armonizando tangibles e intangibles y creando prosperidad

Los tangibles son aquellos aspectos que tienen que ver con la parte más material y concreta de los procesos y que pueden ser medidos de forma directa y precisa como, por ejemplo: el paro, el PIB, los gastos e ingresos, las pérdidas y las ganancias... Los intangibles, sin embargo, tienen que ver con los aspectos más inmateriales y sutiles de los procesos. Aunque están presentes e influyen de forma decisiva en ellos, no se pueden medir cuantitativamente. Ejemplos de intangibles son: la prosperidad, la felicidad, la motivación, la coherencia, la innovación, la creatividad, la confianza, las relaciones humanas...

Una de las claves del nuevo paradigma, que se abre paso, es una clara tendencia a armonizar tangibles e intangibles a todos los niveles, tanto personal como organizacional o de país. El primer paso en este sentido es visibilizar la importancia de los intangibles. Con este fin, están surgiendo metodologías innovadoras para medir y evaluar, de forma indirecta, su impacto. La más sorprendente y efectiva que conozco es la aplicación de

Kinesiología para la lectura de Campo, basada en las propuestas de David R. Hawkins, que propone mi amigo y colaborador de Economía Humana, Juan Cortés Henao que describo en el capítulo 8. En otra línea, destaca la investigación, liderada por Jordi del Bas y Josep Maria Coll, enfocada en la evaluación y análisis del impacto de los intangibles en las organizaciones. Esta investigación, que ya está avanzada, pronto arrojará las primeras conclusiones y resultados fiables sobre el tema. Estas innovaciones son síntoma de una especie de metamorfosis que afecta a todos los ámbitos de la sociedad. Cada día, crece el número de personas que toma consciencia de la neurosis sistémica a la que estamos sometidos y decide coger las riendas de sus vidas, comprometiéndose, a su vez, con la transformación de la sociedad para impulsar un paradigma más armónico.

Son agentes de la transformación, personas que crean y lideran organizaciones y propuestas innovadoras que transforman el mundo, configurando un movimiento transversal de personas, en la mayoría de los casos anónimas, que aportan su energía y capacidades allí donde están. Aunque queda mucho camino por recorrer, las viejas estructuras desempoderantes resultan cada vez menos adecuadas y pierden credibilidad e influencia. Los productos bio y de cercanía crecen a un ritmo considerable, en cuanto a producción y consumo. Las energías limpias son cada vez más eficientes y rentables. Los inversores amplían su mirada respecto a la rentabilidad, incluyendo indicadores de sostenibilidad y de impacto social positivo. El respeto por los animales y por el planeta van impregnando capas cada vez mayores de población. Las metodologías innovadoras y los profesionales comprometidos son cada vez más eficientes. Crecen las empresas y organizaciones innovadoras que armonizan tangibles e intangibles convirtiéndose en referentes que facilitan la transformación.

También, encontramos ejemplos positivos en la macro economía, como es el caso de Bután. País que mide su desarrollo a través del FNB o Felicidad Interna Bruta (FIB), un indicador sustitutivo del PIB que mide la riqueza en función de la calidad de vida de las personas. Mientras el PIB (Producto Interior Bruto) observa el crecimiento económico como objetivo principal. El FNB, propuesto por Jigme Singye Wangchuck, rey de Bután, en 1972, considera que el verdadero desarrollo de una sociedad se encuentra en la complementariedad y refuerzo mutuo entre desarrollo material y crecimiento personal.

Los cuatro pilares de la FIB son:

- La promoción de desarrollo socioeconómico sostenible e igualitario
- La preservación y promoción de valores culturales y espirituales

- La conservación del medio ambiente
- El establecimiento de un buen gobierno

Bután es una excepción y, como tal, es importante citarla como ejemplo de una economía que tiene intención de ser más humana. Más allá de críticas interesadas, se trata de una valiosa propuesta de armonización de tangibles e intangibles como indicador general de un país, que pone en cuestión el PIB abriendo la posibilidad a nuevos escenarios que deberemos explorar. Si bien es cierto que, a nivel general, la neurosis del apego a las formas domina aún el escenario global, también es cierto que las semillas de los nuevos tiempos ya están floreciendo y transformando de manera inexorable nuestra percepción del mundo y nuestra relación con el planeta. Somos muchas las personas que estamos accediendo a otro nivel de percepción, que ya no dependemos de ideologías ni de falsas autoridades externas y dejamos de ser manipulables. Por el contrario, nos reconocemos en los líderes disruptivos emergentes y aprendemos de ellos, nos responsabilizamos de nuestras vidas y comenzamos a vivirlas con coherencia en la medida de nuestras posibilidades.

Son los efectos de la Reveldía Creativa que nos impulsa disolviendo limitaciones y bloqueos, abriendo espacios creativos, entre lo que ocurre y nuestras decisiones. Estamos tomando consciencia de ese espacio vivo e indiferenciado, entre el observador y lo observado, que nos conecta con la creatividad. Cuando tomamos consciencia de ese proceso, nuestras decisiones, actividades, labor profesional… gozan de mayor coherencia y son mucho más armónicas con la esencia de la vida.

Conectando con la abundancia de prosperidad

La prosperidad es esencial en este camino. Su comprensión es muy valiosa para armonizar tangibles e intangibles y avanzar con coherencia. En primer lugar, es importante aclarar la diferencia entre prosperidad y abundancia. Ya que hay cierta confusión entre ambos términos.

Abundancia viene del latín *"unda"* -onda, y hace referencia a la cantidad. El símbolo por excelencia que la representa es la cornucopia o cuerno de la abundancia. Tendemos a presuponer que en sí misma es positiva, pero la abundancia de algo negativo puede generar sufrimiento. Así mismo, la abundancia de algo positivo puede tener efectos negativos. Por ejemplo, la abundancia de lluvias puede arruinar una cosecha, así como el exceso de control puede acarrear falta de libertad. Hay frases hechas que aclaran el concepto como la atribuida al filósofo griego Aristóteles: *"Tanto es vicio la falta de virtud, como su abundancia excesiva"*.

Es importante observar y definir lo que se mueve alrededor de la abundancia para que no se convierta en un obstáculo que dificulte la posibilidad de alinear nuestro sentir y hacer, perdiendo coherencia y empoderamiento. Necesitamos de un contexto definido para que su enfoque sea correcto. Las preguntas a hacerse, en este sentido, son: ¿Abundancia de qué? y ¿Abundancia para qué?

Prosperidad viene del latín *"prosperitas"* y tiene que ver con bienestar y ser feliz. Según el diccionario de la RAE, tiene dos acepciones descriptivas *"El curso favorable de las cosas"* y *"buena suerte o éxito en lo que se emprende, sucede u ocurre"*. Se trata de un término menos tangible que abundancia, aunque, paradójicamente, su sentido está más claramente definido. Aunque mayoritariamente se la asocia con economía, etimológicamente está relacionada con todo aquello que produce bienestar.

La prosperidad se puede expresar fundamentalmente a través de estas cinco áreas:

1. La buena salud física y emocional
2. Los conocimientos intelectuales y existenciales
3. La calidad de las relaciones
4. Las experiencias enriquecedoras
5. La obtención de bienes materiales y recursos

La prosperidad facilita la creatividad en los procesos y da sentido a la existencia de las personas, las organizaciones y la sociedad en general. A nivel individual, nos brinda la oportunidad de realizar nuestro propósito vital y nuestros sueños, descubriéndonos y potenciando lo genuino que hay en nosotros. Nos conecta con la vida, nos ayuda a crecer en coherencia, a ampliar nuestra percepción y avanzar en nuestro empoderamiento...

Está íntimamente relacionada con Kairós, crea y atrae condiciones para que el potencial ilimitado de Aión se manifieste en nuevas formas coherentes y creativas, tal y como hemos visto en el capítulo 6. Es decir, la relación entre el potencial ilimitado (Aión), la manifestación de las formas (Kairós) y su evolución posterior en el tiempo (Cronos) dependen de la prosperidad.

La prosperidad fluye de forma natural en cada situación, facilitando la evolución creativa de los procesos que, a su vez, le sirven como vehículo. Siempre creativa e imprescindible para avanzar, en la dirección y velocidad adecuadas, hacia lo mejor de nosotros mismos y de la sociedad. Ser conscientes de sus leyes nos ayuda a cultivarla y atraerla. Gracias a ella, podemos ser más creativos y disruptivos a la hora de impulsar nuevas realidades en todos los ámbitos de la sociedad.

Desde esta comprensión, podemos entender que las dificultades para materializar procesos están relacionadas con la confusión, la falta de coherencia, de poder personal y de perseverancia. Por eso, hay personas con buenas ideas que nunca llegan a materializarlas. En segundo lugar, es importante diferenciar entre poder y fuerza. Tal y como desarrolla David. R. Hawkins en su maravilloso libro "El poder contra la fuerza" fruto de más de 30 años de investigación, el verdadero poder está conectado con frecuencias vibratorias altas y emociones positivas, la fuerza con las bajas frecuencias. A más poder menos fuerza y viceversa. Estas frecuencias se pueden medir mediante la kinesiología y armonizar a través de diferentes técnicas y ejercicios.

La prosperidad es una cualidad energética vinculada al auténtico poder, es decir a las frecuencias vibratorias altas que facilitan su expresión con coherencia y fluidez. Cuando manifestamos formas desde la fuerza, condicionamos negativamente su evolución generando bloqueos y dificultando que la prosperidad circule adecuadamente, o facilitando su dispersión. Cuando lo hacemos desde el poder, los aparentes bloqueos se transforman en oportunidades, las condiciones auspiciosas aparecen con facilidad y, dependiendo del grado de prosperidad de las personas implicadas, ese sueño será inevitablemente una realidad tangible y beneficiosa.

Una pregunta inevitable que surge al paso es: ¿por qué ciertas personas o grupos con vibraciones negativas manifiestan formas y dinero en abundancia? Para responderla, es importante entender que la pregunta, en sí misma, parte de una confusión fruto de la identificación entre dinero y prosperidad. El dinero es un medio al que le hemos atribuido cualidades que no tiene. Cuando tenemos hambre ¿cómo nos saciamos? ¿con dinero o con comida? Vivimos en una cultura extremadamente condicionada por la creencia de que el dinero es un bien absoluto, la fuente de la felicidad, de la libertad y la tranquilidad. Pero, todo ello sólo es una falsa suposición aceptada y vivida como real por millones de personas. Hay personas que tienen dinero y son felices, y otras que no tienen dinero y también son felices. El dinero simplemente es una herramienta más que puede servir o no a la prosperidad. Algunas veces, la ausencia de dinero puede ser consecuencia de la prosperidad y, en otras ocasiones, su exceso una falta de ella. Éste es un buen tema para la reflexión.

La escasez de dinero puede agudizar nuestro ingenio, activando mecanismos que nos impulsan a descubrir y manifestar nuestros dones y talentos ocultos. De esta manera, la aparente escasez es, en realidad, prosperidad disfrazada que nos permite acceder a nuevas y mejores versiones de nosotros mismos. Disponer de abundancia de dinero o una agradable zona de confort, no garantiza la felicidad, ya que puede convertirse en una obstrucción que nos impide la actualización de nuestros talentos ocultos y dificulta la evolución personal o grupal. En mi caso, cuando miro hacia atrás, puedo ver claramente que la escasez de dinero que he sufrido en ciertas etapas de mi vida era Prosperidad con mayúsculas. Gracias a ella, he conocido a personas sabias y comprometidas, he vivido experiencias que han aflorado talentos ocultos que forman parte de mi vida actual y de este libro.

Recuerdo un relato sobre un empleado de un burdel que ilustra muy bien lo que estoy comentando.

Había sido su primer trabajo. Lo había conseguido siendo muy joven para atender las necesidades de su humilde familia. Hacía todo tipo de tareas, ya fuera limpiar o hacer mantenimiento, pudiendo desarrollar su talento natural con los oficios y el manejo de las herramientas. Con el tiempo, el dueño se jubiló, su hijo heredó el negocio y decidió informatizarlo. El protagonista de esta historia no tenía ni idea de informática y, aunque lo intentó, sus bloqueos le impidieron actualizarse. A pesar de sus súplicas, se quedó sin trabajo y fuera de la zona de confort que con tanto esfuerzo había conseguido. Vivía en una zona rural bastante alejada de la ciudad y no resultaba fácil comenzar de cero en otro lugar. Como era muy mañoso, comenzó a hacer arreglos y a viajar a la ciudad para adquirir herramientas. Con el tiempo, pudo ahorrar para crear una pequeña ferretería. Con su talento, recién descubierto, para el comercio y la gestión, años más tarde la pequeña ferretería se expandió y convirtió en una cadena de tiendas. Uno de los negocios más prósperos de la región. Entonces, decidió impulsar el uso de la informática en las escuelas, invirtiendo una importante suma de dinero en ello. Gracias a lo cual, le nombraron empresario del año y una periodista le hizo una entrevista. Al terminar, la periodista le comentó: "si me da su dirección de email le enviaré el artículo". Él contestó que tenía dificultad con la informática y no tenía e-mail, ni ordenador personal. La periodista sorprendida exclamó: ¡Sin ordenador ni conocimientos informáticos ha creado usted todo esto¡ Imagine, si los hubiera tenido dónde estaría ahora! A lo que él contestó: "seguramente de empleado en una casa de citas".

En este caso, la prosperidad llegó gracias a la falta de dinero y la pérdida de la zona de confort, lo que facilitó *"Su travesía del desierto"* y una evolución positiva de nuestro personaje. En otros casos, el exceso de dinero se convierte en una forma de esclavitud o puede hacernos tomar decisiones nocivas que acarrean grandes dificultades para nosotros y nuestro entorno. Es el caso de aquellas personas que invierten directa o indirectamente en "futuros" causando el encarecimiento en origen de los alimentos y materias primas, convirtiéndose en responsables de hambre y muerte de millones de personas, a cambio de aparentes y perversas rentabilidades. Este tipo de decisiones no son una expresión de la prosperidad, por el contrario, la eliminan con lo que, tarde o temprano, conducen al sufrimiento de quien las toma y de la sociedad. Por tanto, la abundancia de dinero o bienes materiales puede suponer una falta de prosperidad. Es decir, no nos acerca necesariamente a la mejor versión nosotros mismos. El sentido profundo de las formas manifestadas depende de la intención y las emociones involucradas en su manifestación.

Desde la ignorancia, sólo podemos crear más confusión e ignorancia en lo que manifestamos. A más consciencia, más prosperidad y mejores condiciones para las personas y para la vida. La intención es la clave fundamental para entender este proceso.

Si subyace el miedo, la codicia o la violencia podremos obtener bienes materiales, pero no habrá prosperidad en nuestras vidas. Seguramente, necesitaremos acumular de forma neurótica, intentaremos controlar a las personas y los procesos por miedo a perder, así nuestras vidas estarán vacías y rodeadas de desconfianza.

Desde mi punto de vista, la falta de prosperidad y la abundancia de neurosis son la principal causa de los problemas que angustian la sociedad occidental y a todo el planeta. Teniendo el diagnóstico, la solución es clara. Crear condiciones para aumentar la prosperidad y reducir la neurosis, desde nuestra realidad: persona a persona, organización a organización... Éste es el camino hacia un nuevo paradigma que ya estamos recorriendo millones de personas.

Reconociendo las calidades del dinero y su influencia

Si la sociedad fuera un organismo vivo, el dinero sería la sangre que fluye por sus venas alimentando los órganos y facilitado sus funciones. De ahí, la importancia de comprender y gestionar adecuadamente su circulación, la calidad de sus componentes internos y su influencia en los diferentes órganos de la sociedad.

El dinero tiene efectos tangibles e intangibles que pueden crear prosperidad o sufrimiento. Un mismo billete puede alimentar a una familia o servir para comprar una dosis de droga. El dinero es muy sensible a la intención con la que lo obtenemos y el uso hacemos de él.

Estas circunstancias le confieren una impronta energética que condiciona los efectos que produce y el mundo que ayuda a materializar. Si ha sido conseguido causando sufrimiento, esa negatividad influirá en su uso y los efectos posteriores, alimentando la neurosis y sus consecuencias. Si está conectado con la prosperidad producirá más prosperidad.

En los tiempos que corren, resulta imprescindible aumentar la calidad energética del dinero disponible para conectarlo con la prosperidad. Cuando contribuimos a la prosperidad de los demás, estamos cultivando la prosperidad general, incluidos nosotros mismos.

_____

En Economía Humana creamos condiciones para que el dinero esté conectado con la prosperidad y deje de servir al sufrimiento. Para ello, contamos con equipos multidisciplinares para acompañar la evolución de personas y organizaciones. También estamos desarrollando talleres prácticos y ejercicios que ayudan a comprender e integrar esta labor. A través de la consultoría y de Finanzas Sostenibles, como veremos en el capítulo 8, facilitamos la materialización de proyectos con valores que crean prosperidad.

Comprometiéndonos con la transformación y co-creando un mundo en paz

Es muy fácil buscar culpables y proyectarles nuestra frustración, aunque es una opción que produce más insatisfacción y desempoderamiento. Por el contrario, podemos responsabilizarnos de nuestra re-evolución personal y actuar en consecuencia, permitiendo que fluyan nuestros dones y talentos, trascendiendo la competitividad y la codicia, para que la prosperidad pueda surgir y expandirse a través de las sinergias y la cooperación natural.

Para lograrlo, resulta imprescindible que detectemos y desconectemos los programas que nos conducen a la neurosis. La paz es el fruto de un proceso que consiste en integrar y trascender las luchas.

Es muy importante tomar conciencia de ello e introducir en nuestra vida espacios para cultivar la paz. Contamos con una inmensa riqueza cultural y de sabiduría que nos muestra caminos valiosos.

Un buen ejemplo es Ubuntu, una actitud vital que prevalece entre los nativos del sur de África y que inspiró e influyó a Nelson Mandela en su proceso hacia la liberación de su pueblo. Ubuntu nace de la más profunda sabiduría Africana y se puede sintetizar en esta frase "*umuntu, nigumuntu, nagamuntu*", que en zulú significa "*una persona es persona a causa de los demás*". Una persona con Ubuntu es abierta, está disponible y respalda a los demás, no se siente amenazada cuando otros expresan sus talentos porque está en contacto con los suyos. También, sabe que se empequeñece cuando otras personas son humilladas o menospreciadas. Estamos en una época que necesitamos más Ubuntu. Ahora más que nunca, es importante aprender e integrar las buenas prácticas y aprendizajes de otras culturas y civilizaciones. ¡Qué más da de donde venga si la propuesta es creativa y aporta prosperidad! Son regalos que nos ofrece la vida para formar parte del nuevo escenario integrador y transidentitario que está emergiendo.

Se cuenta que un antropólogo propuso un juego a los niños de una tribu africana. Poniendo una canasta llena de frutas cerca de un árbol, les dijo que aquél que llegara primero ganaría todas las frutas. Cuando dio la señal de salida, todos los niños se tomaron de las manos y corrieron juntos y se sentaron juntos a disfrutar del premio. El antropólogo, sorprendido, les preguntó por qué habían actuado así cuando uno solo podía ganar todas las frutas. A lo que los niños le respondieron: UBUNTU ¿cómo uno de nosotros podría estar feliz si todos los demás están tristes? Una lección experiencial para el antropólogo y para todo el que la conoce.

Tim Jackson, profesor de la universidad de Surrey y autor del libro *Prosperidad sin crecimiento: economía para un planeta finito (2009)*, se refiere a Ubuntu como una filosofía que apoya los cambios necesarios para crear un futuro económico y ambientalmente sostenible. Esta interconexión entre los seres humanos y la naturaleza facilita una comprensión profunda de las relaciones y clarifica lo que necesitamos para avanzar con prosperidad en esta época tan singular de nuestra historia.

La propuesta creativa comienza a nivel individual cuando nos damos cuenta si estamos actuando desde la neurosis o desde la Reveldía Creativa. El mundo que emerge necesita de nuestra colaboración. En todo el planeta, están surgiendo movimientos diversos liderados por Reveldes Creativos en acción que a través de sus dones y talentos influyen en todas las áreas de la sociedad, reducen la neurosis y generan prosperidad.

Desde Economía Humana, generamos redes de colaboración y optimización entre todas estas propuestas para influir y transformar la economía. Estamos convencidos de que la suma de los millones de pequeñas transformaciones que se están produciendo en el mundo están impulsando tendencias disruptivas a nivel global. Siguiendo el ejemplo de los niños africanos, transformamos la codicia y la competitividad a través de Ubuntu y co-creamos un nuevo paradigma más solidario y consciente.

21 acciones concretas que armonizan, crean prosperidad y empoderan.

- Consumir preferentemente productos y servicios de proximidad, si es posible ecológicos y con otros valores
- Escoger comercios pequeños
- Reducir el endeudamiento
- Aprender a alimentarnos de forma coherente
- Reconocer y vincularnos con personas prósperas
- Descubrir nuestro propósito vital u organizacional
- Reconocer e impulsar liderazgos disruptivos y trascendentes
- Mantener vivo el auto aprendizaje como eje de nuestra vida
- Estudiar y formarnos en aquello que nos entusiasma
- Reducir el tiempo dedicado a internet o televisión

- Difundir y dar visibilidad a proyectos coherentes y positivos
- Elegir donde desarrollar nuestra labor profesional con coherencia
- Invertir en empresas responsables que crean prosperidad
- Elegir el banco en base a su ética y pedir información concreta sobre sus valores y compromisos
- Donar dinero de forma creativa y altruista
- Dedicar parte de nuestro tiempo a causas con valores que empoderan
- Introducir la naturaleza en nuestra vida
- Reducir la velocidad y el estrés
- Mejorar y hacer más bellos los espacios en los que interactuamos
- Dedicar tiempo diario a conectar con nosotros en paz
- Desarrollar la Reveldía Creativa y la intuición.

Estas son algunas claves, profundamente transformadoras si las introducimos en nuestro día a día.

Es un proceso de incorporar nuevos hábitos y dejar otros que lleva su tiempo. Estas frases en negativo pueden ser una guía para saber dónde estamos y cómo podemos comenzar: *"Dejar de consumir productos en grandes superficies o de grandes empresas que se producen con criterios de codicia y violencia"*, y así con cada propuesta.
Mi consejo es disfrutar de cada paso, con flexibilidad,

sintiendo como vamos reconectando y recuperando nuestro poder personal. Cada cual puede rehacer la lista con su orden prioritario, decidir por dónde comenzar e ir anotando los pasos en un diario. Esto facilitará que nos demos cuenta de nuestro progreso y encontremos las soluciones creativas a los aparentes bloqueos o dificultades. Este es un ejercicio profundamente transformador para quien lo hace y para la sociedad en general.

8. La propuesta de Economía Humana

Etimológicamente, Economía viene del griego Oikos (hogar) y Nomos (ley), por lo que el significado original se podría traducir como *"las leyes de la administración del hogar "*. Tal y como la conocemos actualmente, la Economía es fruto de la evolución del ser humano. Durante cientos de miles de años, fuimos una especie cazadora – recolectora centrada en la supervivencia diaria.

Con la aparición de la agricultura y la generación de excedentes, hace aproximadamente 10.000 años, comenzaron a hacerse necesarios y habituales los intercambios. Al principio, se trató de pequeños trueques, más tarde aparecieron objetos como, por ejemplo, cereales, conchas marinas, utensilios de piedra, objetos diversos de bronce... a los que se les otorgó un determinado valor como medio para ajustar los intercambios.

Durante decenas de miles de años, la economía se basó en cuestiones prácticas relacionadas con la gestión de recursos domésticos. La aparición del dinero, como tal, fue el resultado de un proceso de abstracción del concepto de valor que, poco a poco, comenzó a afianzarse en la mente de los seres humanos. En su origen, el dinero nos permitió avanzar hacia sociedades más complejas, aunque su función esencial era la de un medio que facilitaba las relaciones entre personas de una misma comunidad y, más adelante, también como intercambio entre comunidades.

Con el avance de las civilizaciones y la evolución de las ciudades las soluciones económicas tuvieron que responder a nuevas necesidades. En el siglo XVIII, Adam Smith convirtió a la Economía en una ciencia. Hasta entonces, cada civilización había gestionado sus recursos según su cosmovisión.

Fue la revolución industrial la que influyó en la evolución de la economía tal y como la concebimos actualmente en occidente. En poco más de 200 años, el grado de complejidad de las sociedades se aceleró a un ritmo frenético hasta llegar a lo que hoy conocemos como globalización. Una velocidad de vértigo que muy pocos seres humanos y comunidades han podido integrar armónicamente, como hemos visto.

De esta manera, la economía dejó de ser un medio que facilita las relaciones entre las personas y administra el hogar, para convertirse en una especie de oráculo que pronostica y determina la evolución de la sociedad, con datos y expresiones cada vez más incomprensibles para la gran mayoría de la población. Incluso los propios economistas que mantienen opiniones divergentes sobre los mismos temas.

Desde esta nueva visión, la economía ha jugado un importante rol en la construcción de una sociedad cada vez más neurótica en la que el valor se confunde con el precio y los valores están subyugados por la codicia y la violencia. La economía, pilar central del viejo sistema de creencias y valores, se ha convertido en una barrera que separa al ser humano de sí mismo, de la comunidad y de la naturaleza. Éste es el motivo por el que las transformaciones que se producen en la economía afectan de forma decisiva a toda la sociedad.

Desde mi punto de vista, estamos entrando en una nueva dinámica donde la economía se está transformando de forma continua y veloz. Por una parte, hay una tendencia mayoritaria a reforzar la intensidad y ceguera de la neurosis conduciendo a la sociedad hacia el colapso de este viejo paradigma. Por otra, surgen propuestas conscientes, alineadas con los valores humanos universales, creando una influencia positiva y disruptiva sobre la realidad.

Una red de redes en la que interactúan millones de personas y organizaciones comprometidas. Una dinámica que se actualiza y avanza en sincronicidad natural, transformando y trascendiendo las viejas estructuras y sus consecuencias. Economía Humana es parte de este proceso. Un movimiento que nace con la intención y el compromiso de crear condiciones para un mundo más próspero y humano. Una propuesta transidentitaria que armoniza tangibles e intangibles disolviendo la neurosis y poniendo a las personas y al medio ambiente en el centro de las decisiones. Una plataforma dirigida a los Reveldes Creativos, agentes de la transformación y organizaciones innovadoras, cuya misión es articular y crear sinergias con impacto social positivo, como una nueva forma de intercambio más consciente y próspero.

Economía Humana es un organismo vivo que se nutre de los aprendizajes vitales y los propósitos individuales de las personas que interactúan, evolucionando de forma constante.Los aprendizajes que compartimos son fruto de una investigación experiencial de más 10 años y del compromiso profundo con la re-evolución de las personas y del planeta. En este tiempo, han participado muchos seres de diferentes procedencias que han ido dejando su aportación. Nuestra labor ha consistido en sintetizar todo este proceso para ofrecer una propuesta de acción empoderadora y eficiente.

¿Quiénes somos nosotros? Esta última etapa de manifestación de Economía Humana se concretó en julio de 2016 con la creación de Rebeldes Creativos SL, una consultoría que nacía para desarrollar la estructura operativa y formular el marco conceptual de la iniciativa. Una vez consolidado esto, en enero de 2018, creamos una Asociación que nace para impulsar el movimiento social de base a nivel local y global.

Desde el principio, tuvimos claro que queríamos financiarnos de la forma más coherente posible, prescindiendo de la banca y de inversores poco conscientes y asumiendo las dificultades que supone salir de los circuitos de la financiación especulativa. De esta manera, hemos desarrollado una propuesta basada en la autofinanciación que ha contado con el apoyo puntual de personas cercanas y con los recursos que hemos ido generando. Por cuestiones logísticas y seguramente otras que no alcanzamos a comprender, elegimos Barcelona como espacio inicial y sede.

Los promotores iniciales somos cuatro: Maribel Guzmán, José Luis Caso, Teresa Rodeja y Ferrán Caudet. Todos nosotros coincidimos en la Red Sostenible y Creativa y decidimos poner en práctica lo que habíamos vivido y comprendido. Igual que yo, ellos han llegado a Economía Humana como fruto de una evolución personal y profesional.

———

Impulsar y desarrollar una propuesta tan innovadora como Economía Humana supone asumir una gran responsabilidad y una entrega personal sin condiciones. Nos hemos comprometido y hemos permitido que se desarrolle a través nuestro para beneficio de las personas y de la vida en el planeta. Y he de reconocer que se está haciendo realidad aún a pesar de nuestras limitaciones. Comparto unos datos biográficos sobre mis actuales. compañeros de viaje

Maribel Guzmán es licenciada en Ciencias Políticas y de la Administración por la Universitad Autonoma de Barcelona. Postgrado en Cultura de Paz y Gestión de conflictos por la Cátedra Unesco. Desde muy joven, se decantó por la cooperación internacional y el desarrollo comunitario trabajando para instituciones públicas y privadas durante más de 15 años. Cuenta con una amplia experiencia internacional liderando proyectos en países del Magreb, América Latina y África. Activista comprometida, participó activamente en la organización del Foro Social Mundial. Así mismo, ha impulsado la creación de diversas organizaciones y asumiendo cargos de responsabilidad. Paralelamente, se ha formado en Psicoterapia Gestalt en Institut Gestalt y en Psicología Contemplativa Karuna Training por la universidad Alemana Menla Gesundheitst.

José Luis Caso tiene estudios de ingeniería técnica industrial y ha trabajado en varias empresas de diferentes sectores: ingeniería civil, farmacéutica e instalaciones eléctricas principalmente. En los últimos años, su preocupación por temas sociales y medioambientales le ha llevado a participar activamente como voluntario en diferentes proyectos sociales, como en la Escola d'Adults de la Verneda, la fundación La Tutela o como coordinador del centro de Sants de Aprenem en Barcelona.

Teresa Rodeja es licenciada en Psicología por la Universitat de Barcelona. Psicóloga experta en Coaching acreditada por el COPC (Col•legi Oficial de Psicologia de Catalunya). Màster Practitioner of Neuro-Lingüístic-Programming (PNL). Experta en Constelaciones Organizacionales y Estructurales. Certificada en Wake Up Schools Mindfulness por el Instituto Europeo de Budismo Aplicado (EIAB). Certificada en el programa de Mindfulness Escuelas despiertas por el ICE de la UB. Formada en el programa de Mindfulness y reducción del estrés (MBSR). Directora del curso de Especialización en Mindfulness y colaboradora docente en el Grado de Psicología de la Universitat de Girona. Colaboradora docente, supervisora y tutora de coachees en programas formativos universitarios (BMS-UPF, URV, UdG, UOC). Consultora y formadora en competencias. Coautora de la "Guía para la buena práctica en Coaching–Coaching Psychology".

Actualmente, Economía Humana se desarrolla como una iniciativa arraigada al territorio y con visión global de la que participan: instituciones, empresas, organizaciones, inversores, profesionales, ... Hoy, contamos con convenios con instituciones de México, Uruguay, Colombia, Argentina, Sudáfrica y otros países en proceso.

Los cuatro puntos del círculo creativo de Economía Humana

Necesitamos coordinar acciones de manera sincrónica para lograr una mayor eficiencia en la transformación de la economía y de la sociedad. Para dar respuesta a esta necesidad, nuestra labor se desarrolla con un enfoque en cuatro puntos interconectados que crean un circuito de re-evolución creativa: articulación, transformación, materialización y divulgación.

Articulación

Es necesario crear condiciones para que las personas se empoderen y transformen las estructuras establecidas. Los vínculos personales y genuinos son un factor clave para facilitar estos procesos porque generan círculos creativos de empoderamiento que transformen las organizaciones y a la sociedad, en general. Economía Humana articula respuestas que buscan puntos de cohesión en pro de un bien común, trascendiendo las limitaciones egoicas personales y grupales. Como hemos visto, hay infinidad de iniciativas de toda índole creando condiciones para la transformación de la sociedad. Estas organizaciones han tenido que nacer y crecer contra corriente y de forma atomizada, con escasos apoyos e infinidad de obstáculos. Forman parte de un movimiento global de transformación, aunque en muchos casos ni siquiera son conscientes. Parte de nuestra labor es desarrollar y poner al servicio la inteligencia colaborativa, facilitando su encuentro y propiciando su evolución consciente y sostenible.

Estamos desarrollando una red de alianzas estratégicas a nivel local y global que favorece las sinergias y aumenta las oportunidades y la influencia social. Para ello, hemos creado una plataforma de encuentro y dinamización orientada a agentes de la transformación y organizaciones innovadoras. Proponemos diferentes actividades de interacción creativa: congresos, simposios, encuentros empoderadores y potenciadores, desayunos, meetups y otras actividades desarrolladas y mejoradas en estos años de experiencia. Toda esta actividad se canaliza a través de una comunidad profesional y una consultoría que acompaña los procesos personales y organizacionales.

Transformación

Vivimos tiempos en los que la transformación no es simplemente una opción, es una necesidad. Es necesario cambiar de rumbo y esto supone otras maneras de hacer las cosas y de entender las organizaciones. El propósito es la pieza clave para fijar y mantener el nuevo rumbo, armonizando los procesos. Cuando el propósito está bien definido y comunicado, la coherencia aumenta y con ella también la motivación y los resultados. Una organización o marca con un propósito integrado utiliza su posición única y sus capacidades para resolver una necesidad social, individual o ambiental, generando prosperidad. En 2016, Linkedin junto con Imperative, una empresa con fines sociales dedicada al empoderamiento de la próxima generación de líderes, publicaron el informe *Purpose at work* realizado sobre una base de 26.151 miembros de Linkedin de 40 países. Pretende ser el mayor estudio mundial sobre el papel del propósito en las plantillas laborales. Según el informe, en los últimos tres años, el 58% de las organizaciones con un propósito claramente definido e integrado experimentaron un crecimiento de más de un 10%, mientras que aquellas sin un propósito claro obtuvieron mayoritariamente crecimientos negativos. Los resultados muestran que, a nivel mundial, el propósito es un factor importante para atraer talento. Aumentan los empleados que valoran muy positivamente aquellos puestos que les permiten conectarse con su propósito personal.

La tendencia natural de las viejas estructuras y los liderazgos poco evolucionados es utilizar el miedo y el control. En los casos en los que éstos dejan de funcionar, se aplican procedimientos cosméticos, se desarrollan cambios superficiales y se hacen campañas de comunicación internas y externas para crear una falsa imagen de cambio. En el fondo nada cambia, la neurosis sigue dominando la organización, eso sí, con una pátina superficial de innovación y valores. Afortunadamente, el estudio *Purpose at work* demuestra que estas organizaciones están orientadas al fracaso. La coherencia con el propósito y su influencia en los diferentes públicos condiciona claramente el futuro de las organizaciones.

En Economía Humana partimos del compromiso con nuestro propósito y orientamos a las organizaciones a que encuentren el suyo y lo integren en sus acciones. Ofrecemos la experiencia vivida, para acompañar procesos personales y organizacionales que conecten con propósitos coherentes. Nos interesan las personas y organizaciones que quieren avanzar en su transformación. Desde este compromiso, identificamos las posibilidades reales de cada organización, diagnosticamos y proponemos las soluciones más adecuadas. Para la clasificación de las organizaciones y los liderazgos, nos inspiramos en la propuesta de Joseph Jaworski en su libro *Source*. Se trata de una clasificación sencilla y esclarecedora en 4 niveles que facilita la comprensión de las organizaciones y los liderazgos. Esta visión nos permite tomar consciencia e identificar los patrones propios de cada nivel e intervenir adecuadamente.

He aquí un breve resumen de lo propuesto por Jaworski, traducido y adaptado desde la experiencia de los miembros y colaboradores de Economía Humana en años de investigación y aprendizaje directo.

Nivel I: Autoritarias y Egocréntricas

Las organizaciones con estos tipos de liderazgo crean ambientes de trabajo muy competitivos y tóxicos y, por tanto, expulsan el talento. Su nivel de neurosis es muy alto y sus consecuencias afectan a todos los que entran en contacto. Los valores son simples palabras que ocultan y enmascaran las contradicciones. Su propósito real es la maximización de beneficios de cualquier forma posible y satisfacer ambiciones sin tener en cuenta a las personas o al medio ambiente. Las emociones dominantes, más o menos sutiles, son: orgullo, miedo, violencia, codicia...

Los líderes del nivel I se caracterizan por un estado de madurez interior poco desarrollado. Son literalmente incapaces de valorar a los otros. Sus relaciones con los demás seres humanos son esencialmente manipuladoras y enfocadas al servicio de sí mismos. No tienen principios claros y están gobernados por su propia ambición. Existe una falta de integridad en su forma de actuar. Algunos pueden ser bastante disciplinados en conveniencia con sus propias metas y esto los puede elevar a cargos de prestigio y poder. Algunos de ellos pueden avanzar al Nivel II.

Nivel II Conservadoras y disciplinadas

En estas organizaciones priman las estructuras sobre las personas y cumplen con los estándares generales. Atraen talento relativo por dinero o marca y, por tanto, difícilmente lo fidelizan. Los ambientes de trabajo son más o menos correctos, aunque poco creativos. Son las organizaciones que más han crecido y se han consolidado en la época que termina, mantienen su poder debido a las redes clientelares creadas y la inercia propia de sus niveles de solvencia y reputación. Son organizaciones convencionales con estructuras bastante pesadas que van a sufrir mucho las consecuencias de la falta de flexibilidad y adaptación a los cambios que se están produciendo.

Los líderes del nivel II son personas que valoran relativamente a los demás. Su propia identidad incluye familia, allegados, miembros de su organización y la organización, como tal. La estabilidad es el primer valor para los líderes en este nivel. Buscan adaptarse a las normas establecidas y se pueden sentir desconcertados o amenazados si alguien parece estar actuando fuera de las reglas de juego. Hasta ahora han logrado éxito en sus objetivos organizacionales. Los logros son un reflejo de su autodisciplina y esfuerzo.

Nivel III De Servicio y transformación

Estas organizaciones son motivadoras y transparentes, innovadoras y creativas. Atraen talento y lo fidelizan con facilidad. Sus propósitos son elevados y bien definidos e incluyen el impacto en las personas y el planeta. Son organizaciones que crean prosperidad. Los líderes del nivel III cuentan con una expansión más amplia de sí mismos para integrar a todo el mundo, independientemente de su origen cultural. Utilizan constantemente su posición para servir y empoderar a los otros. En términos de Robert Greenleaf, fundador del movimiento Servant Leadership, las personas que están a su alrededor se vuelven más sanos, más sabios y más empoderados y con más tendencia a convertirse en líderes al servicio. A estos líderes se les confía comúnmente equipos relevantes con importantes valores internos. Se trata de un nivel de crecimiento que cuestiona sistemas de creencias rígidos y trasciende las reglas y roles convencionales.

Los líderes en este estado de evolución muestran una alta necesidad de logro, pero ya no a costa de otros en su organización o en la sociedad en general. Tienen una gran necesidad de independencia. Son propensos a tomar riesgos maduros, con un fuerte sentido de autoeficacia y tolerancia a la ambigüedad. En consecuencia, prosperan en tiempos de turbulencia y complejidad. Han adoptado una visión del mundo como un sistema. En la fase más avanzada de este nivel, obtienen una mayor conciencia de la interconectividad de la vida. Comprenden y asumen su rol de jerarquías naturales en sus entornos y, en base a ello, propician un nuevo orden más coherente. En sus organizaciones, profesan comprensión y responsabilidad por los más grandes sistemas sociales dentro de los cuales el individuo y la organización operan.

Nivel IV: Trascendentes y Disruptivas

Los líderes Nivel IV encarnan las características y valores de los líderes tipo III, pero han llegado a un nivel de comprensión más amplio y sutil de interacción con el mundo. Muestran una capacidad de funcionamiento y rendimiento extraordinaria. En el corazón de este tipo de actuación hay una capacidad de sabiduría intuitiva que puede ser utilizada para desarrollar talento disruptivo, formación estratégica, excelencia operacional e innovación, incluyendo el imaginar y crear el tipo de organización o sociedad más próspera, creativa y humana. Los Líderes Disruptivos y Trascendentes mantienen la convicción de que hay una inteligencia subyacente dentro del universo que es capaz de guiarnos y prepararnos para los diversos futuros que debemos crear. Combinan una comprensión cognitiva del mundo a su alrededor con un fuerte conocimiento interior de los potenciales no visibles que alberga el universo, una posición que trae consigo el poder de transformar al mundo tal y como lo conocemos.

Las organizaciones de nivel IV son organismos vivos que armonizan tangibles e intangibles de forma natural, creando prosperidad y aportando gran valor a la Humanidad en sus actividades. El sentido profundo de una organización es aportar prosperidad a todos los que interactúan con ella y al mundo, en general. Así pues, todas las organizaciones tienen la posibilidad de evolucionar si conectan con su propósito y se comprometen con él. Los niveles de Jaworski nos sirven de guía para identificar, a grandes rasgos, desde dónde actúa una organización o liderazgo, para acompañarla a evolucionar, a partir de aquí, hacia los niveles más conscientes. Lógicamente, hay gradación entre niveles, 2.1, 3.2, 1.8... y, en última instancia, cada organización, como cada persona, es única e inclasificable. Jaworski nos ofrece una tipología sencilla para leer las organizaciones desde otro lugar y actuar de forma eficiente.

En nuestra consultoría, investigamos, seleccionamos y mejoramos herramientas y procedimientos innovadores para ser lo más eficaces posible en nuestra labor. Intervenimos a nivel tangible e intangible propiciando la armonización y Re-evolución de la organización y de las personas que la componen. De esta forma, las organizaciones se van convirtiendo en organismos vivos y creativos que aportan valor a todos los que participan y a la sociedad en general.

Materialización

Una cosa es diagnosticar los desequilibrios y necesidades, otra materializar las transformaciones creando organizaciones sostenibles y armónicas.

Según un reciente estudio elaborado por el prestigioso Santa Fe Institute de Nuevo México (EE.UU), las compañías que cotizan en bolsa tienen una esperanza de vida media de unos 10 años. La media de duración de las empresas en Europa es de 12.5 años. En España, 8 de cada 10 nuevas empresas no llega a los 3 años de vida. Estos datos encierran un gran problema de materialización y sostenibilidad que esconde grandes sufrimientos personales fruto de un uso especulativo y poco consciente de los recursos. Podríamos buscar responsabilidades políticas, pero desde nuestro punto de vista, las causas son mucho más profundas y sistémicas, están relacionadas con la neurosis del apego a la forma. Es muy importante ir mejorando, paso a paso, los procesos para darle la vuelta a estas estadísticas y disponer de indicadores que lo certifiquen. Si seguimos condicionados por los indicadores tangibles, nuestra visión seguirá siendo limitada, las posibilidades de diagnóstico e intervención se reducirán y las desarmonías condicionarán negativamente los procesos. De esta forma, será muy complicado poder intervenir a tiempo y de forma adecuada. En Economía Humana contamos con una batería de indicadores cuantitativos y cualitativos que

189

apuntan a procesos tangibles e intangibles para entender de una forma mucho más amplia cada organización. Ello nos permite actuar con mayor claridad y posibilidades de éxito, potenciando los procesos creativos internos de manera gradual.

En Economía Humana, podemos realizar una intervención integral o actuar en áreas específicas como, por ejemplo, el management, las relaciones humanas, las finanzas, la psicología emocional del espacio, la salud organizacional. Nuestras intervenciones están dirigidas por profesionales cualificados y comprometidos con el propósito expuesto en el manifiesto que veremos más adelante. Estamos convencidos de que las organizaciones de tipo III y IV van a aumentar su esperanza de vida y su influencia positiva en la sociedad y queremos ser parte activa de este proceso de materialización y desarrollo de organizaciones más conscientes y sostenibles.

Divulgación

Es necesario que la sociedad despierte de la ensoñación limitante y neurótica en la que ha estado sumergida. Necesitamos una divulgación veraz y empoderadora que nos permita conocer que hay otros caminos más coherentes y personas que los están recorriendo con resultados positivos. Para lograrlo, es importante dar la mayor visibilidad posible a los nuevos referentes y sus proyectos. La divulgación de todos estos procesos y resultados es muy necesaria para contrarrestar el ruido informativo y la confusión que se genera desde los medios y canales al servicio de las viejas estructuras.

Debemos impulsar y difundir medios y canales que ya están comprometidos con la transformación y restan influencia a las informaciones manipuladas y de baja frecuencia de los *mass media*.

Así mismo, es necesario que los agentes de la transformación se encuentren y creen sinergias, que compartan aquellas metodologías o aprendizajes que facilitan su labor. Todos tenemos la capacidad de actuar como agentes activos de difusión de las iniciativas comprometidas y debidamente validadas, para que éstas puedan ser reconocidas entre tanta confusión.

En Economía Humana, realizamos labores de divulgación mediante actividades, el acceso a medios de comunicación, formaciones específicas y a través de las redes. Buscando crear condiciones para que los agentes de la transformación se encuentren y comiencen a compartir y cooperar.

Para responder a este cuádruple enfoque: articulación, transformación, materialización y divulgación, hemos creado una serie de servicios concretos. Así mismo, seguimos investigando para ofrecer nuevas propuestas actualizadas.

_____

La Comunidad

Con los principios y valores recogidos en nuestro manifiesto, estamos desarrollando una comunidad basada en la confianza y la inteligencia colaborativa. Una comunidad que une a organizaciones innovadoras y agentes de la transformación, creando condiciones, para que las sinergias y los puntos de cohesión se activen y, así, todos podamos beneficiarnos de las grandes oportunidades que ofrece la colaboración.

Esta comunidad está enfocada en dos orientaciones: por un lado, el Lobby Consciente de carácter global que facilita contactos y crea sinergias para ir haciendo más viables los proyectos e influyendo en la sociedad a nivel educativo, político, financiero, divulgativo... Por otro lado, una comunidad de profesionales comprometidos, con arraigo local y visión global.

Gracias a innovadoras y profundas metodologías de colaboración, nos conectamos y accedemos a ese potencial que está siempre presente y sólo se materializa cuando podemos cooperar con confianza. Un círculo de retroalimentación creativa en la que las interacciones generan valor compartido y prosperidad para todos los miembros.

La Consultoría

Desde la consultoría respondemos a las necesidades actuales de las organizaciones creando equipos adhoc de profesionales cualificados y comprometidos con el propósito de Economía Humana. Integra los cuatro enfoques- articulación, transformación, materialización y divulgación- en un círculo creativo de retroalimentación constante para facilitar la transformación personal y colectiva hacia una sociedad más eficiente y próspera.

Ámbitos Temáticos. En Economía Humana, surgen y convergen nuevas propuestas y metodologías en los diferentes ámbitos de la sociedad. Cuando hay un núcleo inicial apropiado y comprometido, desarrollamos equipos especializados. De esta manera, han surgido ya algunos grupos y proyectos como:

Finanzas Sostenibles: Estamos creando circuitos de financiación ética que conectan inversores con emprendedores, para financiar proyectos **innovadores con impacto positivo que transforman la realidad.**

Hábitat Humano: Queremos facilitar y desarrollar proyectos que respondan a estas nuevas necesidades de hábitat y convivencia, reuniendo a profesionales relacionados con estas visiones. Ya hemos comenzando a diseñar las primeras propuestas en Catalunya, entre otras, un coworking en Barcelona y un centro de investigación y crecimiento personal en el Montseny. Este equipo va a desarrollar y construir **nuevos modelos de hábitat sostenibles a nivel ambiental, social y económico.**

Formación: Se trata de una formación disruptiva que impulsa los procesos personales y organizacionales.

Estamos seleccionando contenidos y elaborando un catálogo vivo con diferentes propuestas en las que participaran profesionales con experiencia contrastada. Queremos que sea una catálogo dinámico y participativo, que ofrezca soluciones actualizadas y operativas teniendo en cuenta las profundas transformaciones que se están produciendo.

Otros ámbitos que estamos comenzando a desarrollar son: salud, alimentación, educación, implantación de valores en los territorios, jóvenes, mayores... y los que vayan surgiendo en este proceso de evolución que sean apropiados y cuenten con los recursos necesarios.

Están llegando metodologías y herramientas disruptivas y coherentes

Economía Humana evoluciona de forma Kairológica con disrupciones. El último gran impulso en este sentido se produjo en junio de 2017. Durante un meetup en Barcelona, nos contactó Raúl Pozo para presentarnos un proyecto pedagógico novedoso de la mano de su impulsor. Quedamos para una reunión inicial a la que acudí sin entender y con ciertas resistencias. A medida que Juan

Cortes Henao, avanzaba en su exposición, sus palabras resonaban en mi interior. Sentí que quería profundizar en la experiencia, así que concertamos la fecha para una primera sesión formal de consulta al Campo con todo el equipo de Economía Humana. ¡Fue todo un descubrimiento! Todo lo que iba surgiendo confirmaba las intuiciones y comprensiones desarrollados en los últimos 10 años. Comenzamos, así, una alianza con "Juancho" y su equipo. a partir de sesiones de indagación que despertaban y confirmaban valiosas comprensiones e intuiciones a través de la Kinesiología.

El primer concepto que surgió de Campo sobre Economía Humana fue:

"El propósito de este camino de armonización de la realidad humana es ofrecer una nueva manera de intercambio"

Toda una revelación que vamos entendiendo e integrando en la medida que avanzan las sesiones, mes tras mes. A nivel personal, este proceso, me ha permitido recordar y poner en valor, contactos y experiencias vividas en la Red.

A nivel colectivo, nos está permitiendo optimizar procesos y desarrollar todo un mapa sistémico de vinculaciones que está impulsado Economía Humana orientándola hacia el desarrollo de sus potencialidades de forma clara y determinante.

A su vez, ha supuesto un intenso proceso de autoaprendizaje para cada uno de nosotros, que ha permitido aflorar nuevos dones y talentos. Y también para todos aquellos que se han vinculado con el proceso en estos meses.

El origen de este modo de obtener información de la red de consciencia a la que todos estamos conectados parte de los estudios e investigaciones desarrollados tras más de cincuenta años de experiencia clínica por el estadounidense David R. Hawkins (1927- 2012), doctor en Medicina y en Filosofía, miembro vitalicio de la Asociación Psiquiátrica Americana. Hawkins, pionero en la investigación de la conciencia, escribió numerosos libros dedicados a la evolución espiritual de la humanidad, desde la perspectiva excepcional que le confería ser médico experimentado, científico y místico.

Juan Cortés de Henao "Juancho" es experto en Liberación de Emociones Atrapadas y Reprogramación del Subconsciente. Ha enfocado los últimos años al estudio de los mecanismos de la mente inconsciente, aplicando sus conocimientos en los terrenos de la educación y el desarrollo humano en las organizaciones. Confirmando las teorías del Dr Hawkins y de otros científicos, ha desarrollado junto a un grupo de investigadores una herramientan kinesiológica con resultados realmente sorprendentes. El enfoque que se le da es el de "encontrar el camino de resolución de toda realidad humana", lo cual nos aclara la importancia de resaltar potencialidades y luego ser resolutivos desde la coherencia y el libre albedrío. Es una de las respuestas a las demandas de esta nueva fase de autodescubrimiento en que está entrando la Humanidad. La propuesta consiste en la confirmación de la intuición a través de una herramienta de testeo kinesiológico. El Sistema obtiene información de los Campos de Consciencia Colectiva y la ordena en función del Bien Mayor de todas las realidades.

Economía Humana participa del desarrollo de esta herramienta, aún en fase experimental. Sentimos un profundo agradecimiento por el impulso que está suponiendo para nosotros y el reconocimiento que supone a la labor realizada durante todos estos años.

Otra metodología vinculada, desde el inicio, con Economía Humana que se va desarrollando en paralelo con aportaciones e influencias mutuas es el Zen Business. Un bio-modelo de gestión empresarial, basado en una visión natural y sistémica de la empresa como un organismo vivo: el modelo Zen Business. Es un bio-modelo que implementa la gestión holística en base a dos principios: alineación e integración. Por alineación se refiere a compartir los valores de las personas con los valores de la organización, de modo que la empresa permite a las personas crear valor en equipo para la sociedad y su entorno.

El otro principio de la gestión holística del Zen Business es la integración. Este principio refleja una visión sistémica y orgánica de la organización. Se refiere a la integración de los cinco procesos naturales que conforman el ciclo de generación de valor en una organización.

Estos cinco procesos son la aplicación de las cinco energías que están presentes en todos los fenómenos naturales: el Fuego, la Tierra, el Metal, el Agua y la Madera. En occidente son conocidos como los Cinco Elementos. Representan una visión sistémica que tiene sus orígenes en la metafísica oriental y que por primera vez se aplica en la gestión de organizaciones. En las organizaciones los Cinco Elementos se co-relacionan formando un sistema con los cinco procesos de creación de valor: el Liderazgo Humano, los grupos de actores o *Stakeholders*; el Marketing y la Innovación, la Gestión Financiera, y la Marca y Cultura Corporativa. Siguiendo la lógica del funcionamiento de los Cinco Elementos, la relación equilibrada entre ellos es fundamental para el rendimiento y la armonía de la gestión empresarial.

Su creador es Josep María Coll, profesor Universitario e investigador que desarrolló el modelo a partir de su experiencia profesional de varios años en Asia, motivado por su interés en unir oriente y occidente, creando una propuesta de management que integra conocimientos de los dos mundos y abre nuevas posibilidades de armonización y evolución a las organizaciones. Desde Economía Humana seleccionamos y analizamos las diferentes metodologías y herramientas alineadas con nuestra visión, misión y valores, buscando sinergias creativas para incrementar su visibilidad e influencia y beneficiar a las organizaciones vinculadas a nuestra plataforma y a la sociedad, en general.

Honrando las fuentes de inspiración y compartiendo sincronicidades

A lo largo de la historia, ha habido personas que han podido ver desde otro lugar, muchas de ellas anónimas y adelantadas a sus tiempos. Sus investigaciones y propuestas han sido marginadas en un sistema orientado a los resultados cortoplacistas y, como hemos visto, dirigido por emociones de baja frecuencia. En esta línea, quiero compartir una sincronicidad muy inspiradora. Una vez ya avanzados en el desarrollo de Economía Humana y con la marca en proceso de registro, descubrimos a Louis Joseph Lebret (1897-1966), un dominico francés pionero del movimiento teórico del desarrollo económico que surgió tras la segunda guerra mundial. En 1941, fundó el movimiento *"Economía y Humanismo"* y fue autor del primer borrador de la encíclica del *Papa Pablo VI Populorum Progressio*, promulgada el 26 de marzo de 1967, dedicada a la cooperación entre los pueblos y al problema de los países en vías de desarrollo. En ella, se denuncia el desequilibrio entre países ricos y pobres, se critica al neocolonialismo y se afirma el derecho de todos los pueblos al bienestar. Además, presenta una crítica al capitalismo y al colectivismo marxista. Todo un descubrimiento profundamente inspirador para nosotros.

Éste fue el primer texto que conocimos del padre Lebret que nos llegó al alma sin conocerlo:

¡Oh Dios! ¡Envíanos locos!
"Hay hoy demasiados listos, demasiados prudentes.
Siempre calculando, siempre midiendo.
¡Pensad que pasaría si tuvieran que romper con su mundo,
si sus padres supiesen que nunca alcanzarían una posición honorable,
¡Si tuviesen, aunque fuese por poco tiempo, que vivir en la inseguridad!
De los que se comprometen a fondo,
de los que se olvidan de sí mismos,
de los que aman con algo más que con palabras,
de los que entregan su vida de verdad y hasta el fin.
Danos locos, chiflados, apasionados,
hombres capaces de dar el salto en la inseguridad,
hacia la creciente incertidumbre de la humildad;
Que acepten diluirse en la muchedumbre anónima,
sin pretensiones de conseguir reconocimiento.
Utilizando sus cualidades en provecho de sus gentes.

———

Danos locos Señor,
locos del presente,
enamorados de una forma de vida sencilla,
liberadores eficientes de los que no cuentan,
amantes de la paz,
puros en su corazón,
resueltos a nunca traicionar,
capaces de aceptar cualquier reto,
de acudir donde sea,
libres y obedientes,
espontáneos y tenaces,
tiernos y fuertes."

Un ejemplo de conexión profunda y una aspiración que hacemos nuestra. Tras este hallazgo, seguimos el hilo y encontramos el Centro Latinoamericano de Economía Humana, CLAEH ubicado en Uruguay. Días más tarde Christian Figueroa, haciendo honor a su proyecto Tejeredes, nos puso en contacto con su rector , el Dr. Andrés Lalanne, quien nos acogió con alegría e interés.

"Me interesa mucho la iniciativa de ustedes porque combina lo sustantivo de eso que llamamos EH (bien descrito en el manifiesto) con emprendedores y financiamiento en un proyecto que procura ser sostenible "

A partir de este primer encuentro, comenzó una colaboración enriquecedora, que formalizamos recientemente mediante la firma de un convenio. Andrés nos puso en contacto con la RIEH- Red Internacional de Economía Humana de la que formamos parte. Y ha aceptado prologar este libro, agradezco su implicación y buenos consejos. De esta manera, se inició la dimensión internacional de Economía Humana, que sigue creciendo de forma continua y orgánica. Nuestra visión de la economía recibe inspiraciones de diversas fuentes. Quiero destacar la influencia de la filosofía budista, su visión humanista desde la sabiduría profunda que va impregnando de cordura occidente y que tuvimos presente desde el inicio de la Red Sostenible y Creativa. También la tradición humanista occidental, la sabiduría oriental de China e India, la ancestral de los pueblos nativos y la experiencia directa que proporciona la participación y observación de los procesos.

A poco que investiguemos, podemos encontrar personas que han transmitido visiones y experiencias que nos muestran otra forma de entender el mundo más consciente, en todas las épocas históricas. A continuación, comparto un breve resumen de reflexiones de algunas de las personas que más nos han influido, además de los ya citados en el resto del libro.

Ya en la antigua China, **Lao Tsé** nos deja en el Tao Te Ching, uno de los libros de sabiduría más leído y extendido del mundo, la siguiente reflexión:

"El gran Sendero es simple,
pero la gente prefiere las sendas secundarias.
Vigila el instante en que se pierde la armonía.
Permanece centrado en el Tao.
Cuando los ricos negociantes prosperan
mientras los pequeños negocios se arruinan;
cuando los gobernantes dilapidan
en armas en vez de en salud;
cuando la clase alta es extravagante e irresponsable
mientras los pobres no tienen a dónde ir;
todo ello es caos.
No es permanecer en el Tao"

Jenofonte, fue un filósofo griego de los siglos V y IV a.n.e discípulo de Sócrates, del que nos llega la primera cita del concepto economía en su obra Economikon. Un tratado sobre la administración del hogar y la agricultura. Estas son algunas citas atribuidas a Jenofonte.

"Sin concordia no puede existir ni un estado bien gobernado ni una casa bien administrada"

"No puede existir un valor digno de alabanza si no va acompañado por la prudencia. Realmente, todo lo que entre los hombres carece de buen sentido, no puede ser más que maldad e injusticia."

"Los ricos que no saben usar sus riquezas, son de una pobreza incurable, porque es pobreza de espíritu"
"No digas que el dinero es un bien, si no sabes hacer buen uso de él."

Pedro de Valencia, filósofo y humanista español que, en el siglo XVII, propone:
"Que el orden económico se organice de tal manera que los seres humanos puedan conseguir con su trabajo los bienes que necesitan para vivir dignamente; que el orden social se estructure sin privilegios; que el orden político fomente el bien común de la sociedad y no los intereses particulares de los poderosos; y que el orden ético anteponga en todos los casos la justicia a la utilidad y los valores comunitarios de la solidaridad y la cooperación a los individualistas del egoísmo y la competencia"

Enst Friedrich Schumacher (1911 - 1977), fue un Intelectual y economista alemán que de forma premonitoria escribió en 1973 *"Lo pequeño es Hermoso"*. Un libro imprescindible para entender la nueva economía. El libro describe una sociedad distorsionada por el culto al crecimiento económico. Según Schumacher, necesitamos una profunda reorientación de los objetivos de nuestra economía y nuestra tecnología para ponerlas al servicio del ser humano. Inspirándose en fuentes tan diversas como las encíclicas papales, la economía budista y las obras de Mao-Tsé-tung, Schumacher presenta su visión del uso adecuado de los recursos humanos y naturales, la problemática del desarrollo y las formas de organización y propiedad empresarial.

Estas son algunas citas del libro:

"Los asuntos realmente serios de la vida no pueden ser calculados"

"La codicia y la envidia demandan un continuo e ilimitado crecimiento económico de naturaleza material, sin consideración por la conservación, y este tipo de crecimiento de ninguna manera puede adecuarse a un entorno finito"

"Máquinas cada vez más grandes, imponiendo cada vez mayores concentraciones de poder económico y ejerciendo una violencia cada vez mayor sobre el medio ambiente no representan progreso, son la negación de la sabiduría"

"¿Qué queda del hombre si el proceso de producción elimina del trabajo todo atisbo de humanidad haciendo de él una mera actividad mecánica"

"Un gramo de práctica es generalmente más valioso que una tonelada de teoría"

"El problema de valorar los medios por encima de los fines. Es que destruye la libertad del hombre y el poder para elegir los fines que realmente interesan"

"La sabiduría requiere una nueva orientación de la ciencia y de la tecnología hacia lo orgánico, lo amable, lo no violento, lo elegante y lo hermoso"

———

José Luis Sampedro (1917 – 2013), profesor universitario, economista y escritor español que abogó por una economía más humana. En 2010 el Consejo de Ministros le otorgó la Orden de las Artes y las Letras de España por «su sobresaliente trayectoria literaria y por su pensamiento comprometido con los problemas de su tiempo». En 2011, fue un indignado más y un referente para el movimiento 15 M.

Algunas citas suyas para la reflexión:

"Nos educan para ser productores y consumidores, no para ser hombres libres"

"Cada cultura ha tenido su referente: los griegos, el hombre; La Edad Media, Dios; ahora, el dinero. Para mí, el referente es la vida"

"La universidad con salsa boloñesa, es la muerte de la universidad. La universidad era un templo de sabiduría. Esto que hacen ahora es una escuela politécnica. Han dado la universidad a los financieros y los financieros lo que quieren es ganar dinero."

"Si bien el celebrado progreso ha mejorado las condiciones de vida de parte de la humanidad, ha influido muy poco en el perfeccionamiento de los individuos. Por un lado, el logro de prodigiosas creaciones, y por otro, la creciente sucesión de guerras y luchas fratricidas por el poder y la riqueza, por la pasión de dominar. En suma, diez en tecnología y cero en humanismo".

"Es asombroso que la Humanidad todavía no sepa vivir en paz, que palabras como 'competitividad' sean las que mandan frente a palabras como 'convivencia"
"Es necesario crear una economía más humana, más solidaria, capaz de contribuir a desarrollar la dignidad de los pueblos."

Pierre Rabhi (1938), agricultor, filósofo y ensayista francés de origen argelino, reconocido en todo el mundo por su integridad y sabiduría. Coincidí con él en diciembre de 2008 en Alboraia, en plena huerta valenciana, recibiendo una profunda impronta que me acompaña desde entonces. El anfitrión fue mi querido amigo Vicente Martí, agricultor y activista valenciano que participó en el origen de la Red Sostenible y Creativa.

Pierre Rabhi nació en el desierto y pasó del silencio, de los gestos imbricados con la tierra, con el agua y con el viento, al caos y la densa oscuridad de los suburbios de París, la gran urbe alienante. El destino quiso que Pierre Rabhi conociese esas dos polaridades, descubriendo la esencia de la naturaleza por un lado y el "leit-motiv" de la sociedad contemporánea por otro.

Con este bagaje, eligió volver a la esencia y, junto su esposa, compró una granja en las tierras áridas de la región de Ardèche. Con la perseverancia y la coherencia característica de los héroes humildes que tienen alma campesina, practicando una agricultura respetuosa con el medio, demuestra a todos los que le observan y visitan que es posible vivir de la tierra, en armonía con ella y conservarla para generaciones futuras. Ha impartido innumerables cursos y conferencias a agricultores de todas las nacionalidades, ha puesto en práctica su método en países del Sahel y en otras regiones de África y Europa, sembrando semillas de cordura y pensamientos de filósofo lúcido y coherente.

"Permanecer cerca de la tierra, es permanecer cerca de nosotros mismos"

"El hombre moderno está conducido desde su infancia y su etapa escolar, para integrar la ideología del beneficio. La escolarización, en lugar de formar seres completos en todas sus vertientes crea, más bien, soldados al servicio de la economía especulativa "

"En la década de 1980, un camión de tomate salió de Holanda para entregar a España. Al mismo tiempo, otro camión de tomate sale de España para entregar a Holanda. ¡Los dos camiones terminaron estrellándose en una carretera francesa! Esta anécdota verdadera es una caricatura que debería hacernos meditar sobre lo absurdo de nuestro sistema"

"No quiero participar en este modelo de sociedad que le ha dado más importancia al dinero que a la vida. Estoy aquí para vivir, no estoy aquí para aumentar el producto nacional bruto"

"¿Qué es la globalización competitiva y bélica, sino la expresión de la desintegración de la conciencia? Sin embargo, la peor de las globalizaciones es, en mi opinión, la que clona las mentes, las estandariza y establece un monocultivo intelectual terriblemente perjudicial para la evolución y la sostenibilidad."

"El transporte rápido y la comunicación han convertido a nuestra maravillosa tierra en una aldea, pero seguimos siendo extraños el uno para el otro, fragmentados por fronteras, religiones, razas, ideologías, culturas"

"¿Cómo la humanidad, a pesar de los recursos mundiales suficientes y la destreza tecnológica sin precedentes, no garantiza que cada ser humano pueda alimentarse, vestirse, protegerse, sanar y desarrollar las potencialidades necesarias para su florecimiento?

"Para que los árboles y las plantas florezcan, para que los animales que se alimentan de ellos crezcan, para que los hombres vivan, la tierra debe ser honrada"

"Debemos responder a nuestra verdadera vocación, que no es producir y consumir hasta el final de nuestras vidas, sino amar, admirar y cuidar la vida en todas sus formas"

"La belleza que salvará al mundo es la generosidad, el compartir, la compasión, todos estos valores que conducen a una energía fabulosa que es la del amor"

Ann Pettifor (1947), una reconocida analista británica, economista e investigadora honorífica de la City University de Londres y directora de investigación de la red sobre políticas macroeconómicas (PRIME). Autora, en 2006, del libro que anticipó la crisis ('The coming world debt crisis'). Pettifor es miembro, entre otros grupos y organizaciones, del Green New Deal Group de economistas, ecologistas y empresarios que publicaron The Green New Deal en julio de 2008. El grupo argumentó que "la triple crisis del colapso financiero, el cambio climático y el 'peak oil' tiene sus orígenes en la desregulación financiera que ha facilitado la creación de crédito casi ilimitado. Con este auge crediticio han aparecido patrones de préstamos irresponsables y, a menudo, fraudulentos que crean burbujas infladas en activos como la propiedad y alimentan el consumo ambientalmente insostenible"

Cuando conocí su propuesta me impactó su claridad y valentía. Pettifor pone en palabras comprensibles lo que muchos intuimos, y lo describe desde la validación que le confiere su excelente trayectoria profesional.

"El sistema financiero estalló porque especularon y se volvieron unos jugadores enloquecidos. Los bancos han estado por encima de las leyes de los países y las de los propios mercados."

"Los bancos se equivocaron por codiciosos. En lugar de prestar el dinero a empresas con buenas ideas dedicadas a la economía real, apostaron por jugarse el dinero en productos financieros especulativos para ganar mucho más en mucho menos tiempo."

"El sector financiero tiene que operar dentro de los límites reglamentarios de las democracias."

"El dinero es una creencia. Un sistema de confianzas mutuas. Los particulares hacen un trato y un tercero, la ley, garantiza que eso realmente va a ser así."

"El crédito no es dinero-mercancía, es dinero bancario, a menudo sólo digital. Se crea de la nada."

"El sistema monetario es un sistema de relaciones que una pequeña elite ha capturado."

Es importante reconocer y valorar el legado de los que nos han precedido en las diferentes culturas y áreas de conocimiento, recuperando la sabiduría que llega a través de ellos y que, en tiempos tan confusos como los actuales, es más necesaria que nunca. Son personas que, asumiendo su responsabilidad y desarrollando sus proyectos vitales con coherencia, se convierten en grandes inspiradores de la transformación hacia otro mundo más próspero y consciente. En su evolución, Economía Humana integra occidente y oriente, las culturas nativas y la sociedad urbana en una destilación alquímica realizada a través de la experiencia vital directa de cientos de personas. Así, hemos co-creado el siguiente manifiesto que ahora compartimos.

Manifiesto por una Economía Humana

Creemos profundamente en el ser humano. En el poder de las personas para transformar el mundo. Por eso, hemos decidido impulsar una economía, coherente, próspera y humana. Somos muchas las personas que, a lo largo y ancho del planeta, lideramos organizaciones y propuestas innovadoras enfocadas al bien mayor de todas las partes y al servicio de la vida.

Win win win

Las relaciones profesionales que están construyendo la nueva economía se basan en el bien mayor de todas las partes y del planeta. Es necesario crear una economía armónica que sitúe a las personas y a la vida en el centro de la toma de decisiones.

Consumo coherente

El consumo es el motor que mueve la economía real y una gran oportunidad para la transformación de la sociedad. La Economía debe facilitar la toma de consciencia del consumidor e influir positivamente en nuevos hábitos de consumo más coherentes y sostenibles.

Articulación y sinergias

Son muchas las iniciativas de economía real no especulativa que, a lo largo y ancho del planeta, están impulsando el cambio hacia una nueva economía. La Economía Humana debe impulsar la articulación entre agentes de la transformación y organizaciones innovadoras facilitando vínculos fraternos y estrategias conjuntas que generan valor compartido

Inteligencia colaborativa

La mejor forma de competir es cooperar. La nueva economía con valores desarrolla e implementa la fórmula de la inteligencia colaborativa: "Uno más uno somos más de dos" como eje principal de la acción económica.

Inversiones éticas

El dinero que circula con consciencia transforma la realidad y genera prosperidad. La Economía debe promover inversiones de impacto que incorporan, además de los criterios técnicos de inversión, nuevos valores como la sostenibilidad, la ética y la coherencia.

Asimilación de propósito

Definir adecuadamente el propósito profundo de cada organización y comunicarlo de manera genuina y eficiente es esencial para orientar adecuadamente su futuro. Desde esta visión se facilita la definición, asimilación e implementación de propósitos coherentes para impulsar la evolución consciente de las organizaciones.

Sostenibilidad

La sostenibilidad del planeta implica el aprendizaje y desarrollo de propuestas creativas y pedagógicas como las 4 R: reducir, reutilizar, reciclar y recuperar. O la eliminación de la obsolescencia programada. La Economía Humana se compromete a promover la producción y consumo de bienes y servicios sostenibles, perdurables, respetuosos con el ser humano y con la vida.

Empoderamiento

El ser humano y la sociedad han estado supeditados y sometidos a intereses especulativos de macro estructuras desempoderadoras. La economía del nuevo paradigma crea condiciones para renovar y potenciar la confianza en el ser humano y la vida, facilitando su empoderamiento.

Transidentidad e integración

La economía debe facilitar la evolución de las personas, independientemente de su ideología, camino espiritual, estatus social, nacionalidad o de cualquier otro rasgo identitario. Una visión transidentitaria e integradora de carácter global, con respeto a las diferentes cosmovisiones locales y caminos individuales.

Instituciones

Las instituciones públicas pueden jugar un papel fundamental como catalizadores de la transformación hacia una economía más humana. Se debe facilitar la creación de sinergias entre los agentes de la transformación y aquellas instituciones que apoyan la consolidación de la economía real, empoderadora y consciente.

Armonización integral

Resulta esencial armonizar ética y beneficios, coherencia y resultados, valor y valores...para evitar el colapso al que nos conducen los desequilibrios de la economía especulativa. La economía que proponemos armoniza tangibles e intangibles en las personas, las organizaciones y todas las áreas de la sociedad.

———

Transversalidad

Los retos a los que nos enfrentamos son globales y por tanto afectan a todos los habitantes del planeta y al planeta mismo. La economía humana es una propuesta abierta y transversal que facilita la interacción para co-crear nuevas realidades más armónicas.

Liderazgo consciente

La forma de ejercer el liderazgo influye en la evolución de las organizaciones y las condicionan de una u otra forma. Se está produciendo una transformación hacia una cultura del liderazgo de servicio, disruptivo y trascendente que reconocemos e impulsamos.

Economía real

Hoy en día, existe más circulación de capital y recursos que en ninguna otra época de la historia. A pesar de ello, crecen las desigualdades, la contaminación y devastación de zonas naturales. Es necesario impulsar la economía real al servicio de las personas y la vida en el planeta.

Puntos de equilibrio

Las relaciones económicas se basan, mayoritariamente, en la lucha por la imposición de las condiciones y la generación de desequilibrios interesados. Desarrollamos e implementamos nuevas formas de intercambio y vías de remuneración que se establecen en base a puntos de equilibrio respetuosos y beneficiosos para todas las partes.

Gestión responsable

El impacto de nuestras acciones y decisiones depende de la motivación y el uso que hagamos de los recursos. La economía que transforma el mundo fomenta una gestión consciente del dinero y los recursos, coherente con el propósito y orientada al bien común.

Transformación

Está emergiendo un movimiento de consciencia global que se expande de persona a persona transformando el hasta ahora vigente sistema de creencias y valores. Una economía más humana es una necesidad básica del proceso de transformación hacia un mundo más consciente y armónico.

Prosperidad

La humanización de la economía es un camino necesario para re-evolucionar hacia una sociedad más próspera.

Está surgiendo una nueva cultura basada en la generación y expansión de la prosperidad compartida como eje fundamental de la actividad económica.

Este manifiesto es un documento vivo, en actualización constante que facilita la re-evolución creativa. No son sólo palabras, sino un profundo compromiso vital que nos orienta hacia un mundo más coherente, próspero y humano. Entendemos el manifiesto como una aportación al proceso global de transformación de la humanidad. Además de facilitar la armonización y articulación del movimiento de Economía Humana, aspiramos a que nos trascienda y pueda ser asumido por aquellas personas, organizaciones o instituciones que resuenen con lo que en él se propone y quieran adherirse.

El empoderamiento: el único camino hacia la libertad
Hace unas semanas ya con el libro muy avanzado, en una sesión de lectura de Campo en el Mas Guinardó de Barcelona, surgió el concepto de empoderamiento. Como suele pasar con estos conceptos tan amplios e innovadores, vimos que cada cual lo entendía y definía de una forma diferente. Nos preguntamos si sería posible obtener una definición que pudiera contener todo aquello que estábamos compartiendo.

Tras realizar la consulta pertinente, comenzamos a bajar información con gran curiosidad... Comenzaba por La... y no había forma de encontrar la siguiente palabra que diera fortaleza... Estuvimos un buen tiempo hasta que surgió *"emancipación"* y, desde ahí, fue más fácil... *"La emancipación de la esencia"*. Después de un silencio inicial, acabamos descubriendo sorprendidos que esta frase contenía todo aquello que habíamos estado debatiendo. Una vez más, el Campo nos ofrecía una solución innovadora e inspiradora. Somos esencia y forma a la vez. La esencia está contenida en una forma como vehículo para que pueda expresarse en esta realidad. A su vez, la forma es parte de la esencia aún no emancipada. El empoderamiento es el proceso por el cual la esencia integra y trasciende los límites de la forma que la contiene, liberándose de sus condicionamientos para expresarse en cronos con libertad y armonía. Nuestra libertad depende de ese proceso de empoderamiento personal y colectivo que estamos viviendo. Este libro habla del viaje que estoy realizando a nivel personal en este sentido y de Economía Humana como propuesta que responde a la necesidad de emancipación que todos anhelamos a nivel social.

La Reveldía Creativa es el impulso de nuestra esencia que nos acerca a nuestro propósito vital, al Don Mayor, y fluye a través de nuestros dones y talentos, propiciando experiencias y aprendizajes que disuelven las densidades, permitiendo que la esencia pueda emanciparse. El proceso de empoderamiento de las organizaciones es el mismo, cuanto más alineadas con el propósito, más próximas a la esencia y, por tanto, más valor ofrecen a todos los que interactúan con ellas y a la sociedad. Necesitamos una economía coherente con este impulso creativo personal y social, por eso, se están creando condiciones para que pueda manifestarse de todas las formas posibles a través de los agentes de la transformación y las organizaciones innovadoras.

Todos formamos parte de este proceso de emancipación. Todos estamos llamados a asumir nuestro rol y ofrecer nuestros dones y talentos. Economía Humana es parte de este camino, una una pieza más del gran puzle que llamamos nuevo paradigma. Una economía que crea condiciones para que descubramos todo ese potencial que hay contenido en nosotros y podamos ofrecerlo para co-crear un mundo próspero y consciente al servicio de la vida.

Este libro se terminó de escribir el
12 de marzo de 2018.

A todas las personas y organizaciones
que están creando condiciones para
que el nuevo paradigma sea más
próspero y consciente...Gracias

Ponemos a tu disposición una Audio Guía con el contenido completo del libro leído por Ferrán Caudet. Para esos momentos en los que dispongas de tiempo, pero las condiciones no te permitan leer.Puedes descargártela de manera gratuita a través del siguiente QR o en el enlace

https://economiahumana.org/AudioLibro1_Descarga/